LEBENSMITTE

Die Chance des zweiten Aufbruchs

Gerhard Wehr

LEBENSMITTE

Die Chance
des zweiten Aufbruchs

Claudius

CIP-Titelaufnahme der Deutschen Bibliothek

Wehr, Gerhard:
Lebensmitte : die Chance des zweiten Aufbruchs / Gerhard Wehr. - München : Claudius- Verl., 1991
ISBN 3-532-62113-4

Umschlaggestaltung: Werner Richter
Satz: Utesch Satztechnik GmbH, Hamburg
Druck: Schoder Druck GmbH & Co.KG, Gersthofen

ISBN 3-532-62113-4

Inhalt

Fast alles

Alles hat man uns beigebracht auf der Schule, *fast alles:* Nötiges und weniger Nötiges. Wer einen Abschluß auf den ersten Anhieb nicht schaffte, für den gab es Abendkurse, Fernkurse, den Zweiten Bildungsweg und Ähnliches. Auf den beruflichen Weg hat man uns gestellt. Viele haben Karriere gemacht.

Wie man auf den Lebenspartner zugeht, auf die Partnerin: „Liebe, wie macht man das?" – so waren Seminare überschrieben. Und nichts blieb ungesagt, so hatte man den Eindruck. Im übrigen gibt es für zahlreiche Gebiete die Do-it-yourself-Methoden. Alles scheint lehrbar, scheint lernbar zu sein. Wirklich alles?

Eine Lücke klafft. Ungezählte bekommen das – oft leidvoll – zu spüren. Denn nachdem der Start ins Leben geglückt ist, beruflich, zwischenmenschlich, familiär, fangen auf einmal Probleme an, auf die uns niemand aufmerksam gemacht oder gar vorbereitet hat. Niemand hat uns gesagt, wie man die Lebensmitte besteht, niemand, wie man die zweite Lebenshälfte „meistert". Nein, eine „Schule für Vierzigjährige" gibt es nicht, wiewohl das lange verdrängte Problem des Alterns gesehen und auch oft diskutiert wird. Wäre es eigentlich sinnvoll, eine solche Schule zu installieren, wie man andere Schularten – etwa im Rahmen der Erwachsenenbildung – einrichtet? Wohl kaum, weil das Eigentliche nicht lehrbar ist. Warum eigentlich, und was dann?

Noch ist unser Kopf voll Zielsetzungen etwa im Berufsleben, wenn wir die dreißiger, vierziger Jahre erreicht haben. Es sind Zielsetzungen, wie sie den Leistungssportler beflügeln, ausgedrückt durch die Formel: „Noch schneller, noch höher, noch weiter!" So etwa lauten die Befehle, die man sich selber erteilt. Ist es doch das Leistungsdenken, das quantitative, das das gesamte gesellschaftliche und wirtschaftliche Leben der Moderne beherrscht. Wer wollte sich davon ausnehmen? Und gerade hier liegt das Problem.

An dieser Stelle muß ich an so manches Telefongespräch mit einem völlig in sich gekehrten Musiker und Privatgelehrten denken. Er ruft mich an, um „wieder einmal" seine Lieblingsgedanken vor mir auszubreiten. Ihm tut das gut. Frage ich ihn, wie es ihm gehe, höre ich ihn ein wie das andere Mal mit einer müden, lässigen Stimme sagen: „Es geht immer so weiter". Eine Stereotype, die mich veranlaßt, mich künftig anders nach seinem Ergehen zu erkundigen. Ich vermute, daß es bei diesem Mann nie anders als „immer so weiter" gegangen ist. Eine kontinuierliche Stagnation? Um es vorweg anzudeuten: Wer meint, daß jene Lebensphase, die die Lebensmitte von der zweiten Lebenshälfte trennt, „immer so weiter" geht, der gibt sich einer gefährlichen Illusion hin. Gefährlich deshalb, weil sich kein Lebensabschnitt beliebig verlängern läßt und weil jede Lebenszeit ihre besondere Qualität hat, auch ihre besondere Chance. Aber sie wird offensichtlich verfehlt, bleibt ungenutzt, wenn man versucht, den Lebens*lauf* anzuhalten und gleichsam auf der Stelle zu treten, und sei es, daß man den Traum der Jugend wieder und wieder träumt.

Was ist zu tun? Allgemeingültige Rezepte für alle und jeden gibt es offensichtlich nicht. Aber wer ein bislang unberührtes Land betreten hat, wer wegkundig geworden ist, dessen Bericht mag man zur Kenntnis nehmen, vor allem wenn er die noch viel weiter reichenden Erfahrungen anderer in seine Darstellung einbezieht. Wer die folgenden Kapitel als den Beitrag zu einer Weg- und Landeskunde entgegennehmen will, die sich auf die eigene Psyche und das eigene Schicksal bezieht, der kommt den Absichten des Autors nahe. Dabei versteht er sich als einer, der selber „auf dem Weg ist", und nicht weniger als einer, der sich dessen bewußt bleibt, was vor 2500 Jahren der griechische Philosoph Heraklit von Ephesus so ausgedrückt hat:

„Der Seele Grenzen kannst du nicht abschreiten, auch wenn du jegliche Straße gingst, einen so tiefen Sinn (Logos) hat sie..."

Gerhard Wehr

Als unseres Lebens Mitte ich erklommen,
Befand ich mich in einem dunklen Wald,
Da ich vom rechten Wege abgekommen.

Wie schwer ist's, zu beschreiben die Gestalt
Der dichten, wilden, dornigen Waldeshallen,
Die, denk ich dran, erneuen der Furcht Gewalt!

Dante: Göttliche Komödie I, 1

Stadien auf dem Lebensweg

Die Zeit als Qualität

Die Zeit ist nicht nur die meßbare Größe einer Dauer. Zeit ist auch eine Qualität, die von Abschnitt zu Abschnitt, von Zeitpunkt zu Zeitpunkt ihr Gesicht verändert, ihre Bedeutung und ihren Wert. Das hat die Menschheit zu allen Zeiten gewußt. Dieses Wissen, genauer: diese Erfahrung, ist uns heute noch einsichtig. Wir unterscheiden beispielsweise Jahres- und Tageszeiten. Sie sind aufs engste mit der Qualität unseres Lebens verbunden. Selbst wer im Zeitalter der gleitenden Arbeitszeit „die Nacht zum Tage macht", kann nicht leugnen, daß etwa eine frühe Morgenstunde im Sommer in ganz anderer Weise zum Menschen spricht als eine sternklare Winternacht. Die nächtliche Tiefe rührt an andere Dimensionen des Bewußtseins als die Höhe des Mittags. Man muß sich diese Unterschiede nur einmal deutlich vergegenwärtigen.

Wir sprechen von geschichtlichen Augenblicken im Leben der Völker. Wir kennen die bedeutsame Stunde einer schicksalhaften Menschenbegegnung, eines glücklichen oder unglücklichen Ereignisses. Plötzlich hebt sich ein solches Ereignis aus dem fortlaufenden Strom der Zeit heraus und macht somit einen Zeitraum oder einen Augenblick bedeutsam. Auch der Sportler kennt nicht nur die nach Bruchteilen von Sekunden bewertete Zeitdauer seiner Leistung als Läufer. Es gibt Disziplinen, in denen es auf die Genauigkeit des Augenblicks ankommt, etwa auf die Sicherheit des Torwarts beim Elfmeter. Alle beurteilen ihn nach der Art, wie er in diesem einmaligen Moment reagiert, der vielleicht über Sieg oder Niederlage seiner Mannschaft entscheidet.

So haben bereits die alten Griechen zweierlei Zeit unterschieden: die andauernde, nach Stunden, Tagen, Jahren, Olympiaden zu messende Zeit, *Chronos*, und den einmaligen erfüllten Augenblick, *Kairós*. Es ist der nicht beliebig wiederholbare Moment der Chance oder der Entscheidung. Man kann ihn nutzen oder verfehlen.

Altersstufen markieren unser Leben

„Unser Leben währet siebzig Jahre ..." – Das Wort aus dem 90. Psalm entspricht einem symbolischen Ausdruck für Lebensfülle und Lebensganzheit. Das tatsächliche, sehr stark variierende Lebensalter der Menschen bleibt davon unberührt. Wir kennen „früh Vollendete", und seit langem wird die zunehmende Länge eines Menschenlebens beobachtet, zugleich eine statistische Größe, die noch nichts über die Beschaffenheit der Lebensdauer beim konkreten Menschen aussagt.

70 Jahre lassen sich in zehn Jahrsiebte aufteilen, wobei sich die siebenjährigen Einheiten verhältnismäßig deutlich voneinander unterscheiden, namentlich die Siebenjahres-Abschnitte am Anfang der ersten Lebenshälfte. Auch dieses Rechnen mit Jahrsiebten ist spätestens seit der griechischen Antike bekannt. Der qualitative Charakter liegt auf der Hand, wenn man die ersten drei Siebenjahres-Kreise nicht als eine exakt begrenzte Dauer, sondern als annähernde Werte versteht:

Um das 7. Lebensjahr erfolgt der Zahnwechsel. Das, was das Kind von der Mutter empfangen hat, wird abgestoßen. – Um das 14. Lebensjahr tritt die geschlechtliche Reifung in eine charakteristische Phase ein. Noch deutlicher tritt der individuelle, nicht nur von den Eltern her bestimmte bzw. vorgeprägte Mensch in Erscheinung. – Sieben Jahre später setzte man einst das Erwachsenenalter an. Die weiteren Jahrsiebte heben sich weniger augenfällig voneinander ab, wenngleich sich auch hier bemerkenswerte Differenzierungen aufzeigen ließen.[1]

Nach fünf mal sieben Jahren ist die Lebensmitte erreicht, jener Lebensabschnitt, der unsere besondere Aufmerksamkeit verdient, weil er in zeichenhafter Weise die beiden Lebenshälften gegeneinander abhebt: eine Zeit des biologischen Aufstiegs von jener des Abstiegs, in der die natürlichen Abbauprozesse des Alterns und einer Verminderung der physischen Leistungsfähigkeit sich nach und nach ankündigen. Eine *Wendezeit* ist angesagt, ob man sich dessen mehr oder weniger deutlich bewußt ist oder ob man „in den Tag hinein lebt", ohne sich über die Angebote und Anrufe des Lebens Rechenschaft zu geben. Wer dies tut, gibt sich der Illusion hin, daß das Leben „immer so weiter" geht, wie dies in Kindheit und Jugend der Fall war.

Im Zeichen des Saturn

In der Abfolge der Jahrsiebte verdient das vierte größere Aufmerksamkeit, als dies gemeinhin der Fall ist. Das 28. Lebensjahr ist da. Hier angelangt, ist man beinahe ein Saturnjahr alt. Denn 29 Jahre und 167 Tage benötigt dieser sonnenferne Planet, bis er ein einziges Mal die Sonne umrundet hat. Die Erde benötigt dazu bekanntlich nur ungefähr 365 1/4 Tage. Im Zusammenhang der alten Sternen- und Materieerkenntnis (Astrologie bzw. Alchymie) entspricht der Saturn dem Element Blei. Die Griechen nannten den Gott Saturn „Chronos", den erwähnten Regenten der Zeit. Die Ikonographie stellt ihn als einen Greis dar, manchmal mit einer Sense in den Händen. Es ist ein Hinweis darauf, daß ein bestimmter Entwicklungsabschnitt zu Ende gegangen ist.

Indem man das Sinnbild des Saturn für unsere Fragestellung nutzbar macht, könnte man sagen: Zu Ende geht

– nach und nach – die Jugendzeit mit ihrer biologischen Ursprünglichkeit und Frische, ihrer lebendigen Bildsamkeit, ihrem natürlichen Schwung. Bleierne Schwere macht sich indes bemerkbar. Sie mag sich individuell verschieden auswirken, auch wenn man es versteht, diese Tatsache zu überspielen. Man muß nicht gleich an die aus dem Druckerhandwerk (einst) bekannte Berufskrankheit mit ihren drastischen Symptomen denken, den „Saturnismus", eine Art von Bleivergiftung mit beschleunigtem Kräfteverfall, Gliederzittern, Haarausfall und Sehstörungen. Rudolf Meyer bemerkt hierzu:

„Man kann im menschlichen Lebenslauf – sei es durch Selbstbeobachtung oder durch aufmerksames Verfolgen anderer Schicksalsläufe – oftmals gewahr werden, wie gegen das dreißigste Jahr eine Krisis einsetzt, die sich bald in Gesundheitsstörungen spiegelt, häufiger jedoch sich in krisenhaften Seelenentwicklungen ankündigt. Es scheint zu einer Erschöpfung der Schwungkräfte, zu einem Leerlauf der bisherigen Strebensrichtungen oder einer deutlichen Zäsur innerhalb der Schicksalsmelodie kommen zu wollen. Menschen, die von solchen Dingen gar nichts merken – bei denen sich, wie man sagt, ‚nichts geändert hat' – verfallen von diesem Alter an meistens der Philistrosität. Das hindert ja nicht, daß sie sich immer noch sehr ‚jung fühlen', indem sie nämlich gern ihre Jugenderlebnisse aufwärmen oder aber ihr Glück in Wiederholungen suchen, weil sie sich nicht rechtzeitig um Verwandlungskräfte bemüht haben."[2]

Und eben darum geht es offensichtlich in dieser Phase. Es stellt sich die unabweisbare Frage: Ist den vielfältigen und hochgemuten Jugendträumen ein für allemal Abschied zu geben – oder lassen sich die Horizonte einer „zweiten Jugend", einer Jugendlichkeit neuer Ordnung aufzeigen? Doch zuvor werfen wir noch einen Blick auf den Stufencharakter in der Entwicklung der Natur, an der der Mensch teil hat, ohne in ihr jedoch seine Erfüllung und Vollendung zu finden.

Stufen

Kristall, Pflanze und Tier wachsen und entwickeln sich in der Obhut der Natur. Wie aber steht es mit dem Menschen? Ist er etwa kein Naturwesen, in dem ganz ähnliche Gesetzmäßigkeiten wirksam sind? – Gewiß, sein physisch-körperlicher Leib ist von irdischer Materie gebildet, als „Staub vom Staube" der Mineralstufe der Erde zugehörig: „Von der Erde bist du genommen, zur Erde sollst du werden..." Wird dieser „Leichnam" nicht vom Atemstrom des Lebendigen, von den Prozessen des Wachstums und der Vermehrung durchzogen, entfernt analog zum Pflanzenreich etwa, so bleibt dieser Leib tot. Es muß noch das Seelenleben mit den Möglichkeiten des Wahrnehmens, des Empfindens und Reagierens hinzukommen, damit der Mensch nicht nur vegetiert, sondern die Entwicklungsstufe seiner tierischen bzw. tierähnlichen Vorfahren erreicht. Insoweit kann man von Entsprechungen zwischen Stein, Pflanze, Tier auf der einen und dem Menschen auf der anderen Seite reden.

Eine dreigestaltige Leiblichkeit ist somit entstanden. Die Mineralstufe, die Pflanzen- und die Tierstufe gehören wohl zum Menschsein, aber sie dienen ihm wie Hüllen, in die er mit seinem „Ich" hineinschlüpft. Daß der Mensch zu sich selbst „ich" sagen kann, indem er sich als ein selbständiges, also nicht nur artgebundenes Wesen begreift, das macht seine Besonderheit aus. Hier hat die weitere Überlegung anzusetzen. Das Ich selbst wird sich zum Problem, weil es noch keinesfalls am Ziel seiner Entwicklung angelangt ist.

Obwohl eingebettet in die Ordnungen der Natur, ist der Mensch eben mehr als „nur“ ein Naturwesen. Sein Wachstum und seine Entwicklung erschöpft sich nicht in den natürlichen Vorgängen, an deren Ende der physische Tod steht. – Es gehört zu den erstaunlichen Abenteuern des Menschwerdens, daß die Entfaltung seines Wesens über Zahnwechsel und Pubertät hinaus einmal den Punkt erreicht, an dem er, entschiedener und bewußter als bisher, die Verantwortung für seine weiteren Geschicke in die Hand nimmt, um damit zum Selbstgestalter seines Schicksals zu werden.

Wohl ist es sehr viel bequemer und einfacher, alles weitere „auf sich zukommen“ zu lassen, als sorge Mutter Natur auch künftig für ihren Sprößling wie in der allerersten Lebenszeit. Das tut sie wohl auch, soweit es sich um den Fortgang des leiblich-seelischen Lebens handelt, wenn wir an die elementaren, als selbstverständlich empfundenen Funktionen unserer Leiblichkeit denken. Es geht, von gesundheitlichen Störungen abgesehen, „immer so weiter“, wie man oft unbedacht so zu sagen pflegt. Auch bleibt „alles beim alten“, man selbst ist immer noch „der oder die alte“, d. h. *Impulse für eine grundlegende Veränderung* bleiben aus.

Welche Impulse aber sollen und können das sein? Jedenfalls keine solchen, die wiederum auf naturhafte Weise wie von selbst ausgelöst werden wie körperliches Wachstum. Es sind auch keine Impulse aus Elternhaus, Schule und gesellschaftlichen Instanzen und Gruppierungen. Sie gestalteten ja den jungen Menschen jeweils „nach ihrem Bilde“. Die Notwendigkeit ihrer Hilfs- und Führungsfunktion ist nicht zu bestreiten, aber ihre Berechtigung ist zeitlich begrenzt, und zwar um der Selbstwerdung des „Herangewachsenen“ willen. Für ihn gilt Nietzsches vielzitiertes Leitwort: „Du sollst der werden, der du (deiner Anlage und inneren Bestimmung gemäß) bist!“

Aber was heißt das? Trifft es zu, daß der Mensch als ein eigenständiges Ich über die Bereiche des Naturhaften hinausragt, dann kommen hier logischerweise ganz andere Gesetzmäßigkeiten zur Geltung als wir sie von der Mineral-, Pflanzen- und Tierwelt her kennen. Es sind Ordnungen eines geistigen Ursprungs und eines übersinnlichen Gegründetseins, ohne daß die „Krone der Schöpfung“ sich stolz über die Kreaturwelt erheben dürfte. In seinem Gedicht „Die Fußwaschung“ hat Christian Morgenstern im Blick auf die Stufen des Werdens die hier angebrachte ethische Einstellung zum Ausdruck gebracht:

Ich danke dir, du stummer Stein,
Und neige mich zu dir hernieder:
Ich schulde dir mein Pflanzensein.

Ich danke euch, ihr Grund und Flor,
Und bücke mich zu euch hernieder:
Ihr halft zum Tiere mir empor.

Ich danke euch, Stein, Kraut und Tier,
Und beuge mich zu euch hernieder:
Ihr halft mir alle drei zu Mir.

Wir danken dir, du Menschenkind,
Und lassen fromm uns vor dir nieder,
Weil dadurch, daß du bist, wir sind.

Es dankt aus aller Gottheit Ein-
Und aller Gottheit Vielfalt wieder.
In Dank verschlingt sich alles Sein.

So hat jede Stufe des kreatürlichen Lebens wie jede Phase der menschlichen Existenz ihren Rang und ihre Bedeutung. Dieses Wissen kann man sich wohl frühzeitig aneignen. Ihre Erscheinungsformen hat man ohnehin sichtbar vor Augen. Aber existentielle, Betroffenheit erweckende

Bedeutung bekommt diese Tatsache spätestens von dem Moment an, in dem eine – freilich nicht immer deutlich spürbare – Zäsur erfolgt und eine Kehre nötig wird; die Chance der Lebensmitte ist die Herausforderung, in Neuland aufzubrechen.

Ehe wir nun im folgenden darangehen, Grundelemente einer Spiritualität der Lebensmitte zusammenzutragen, sei unser Thema auch in einem größeren, geschichtlichen Zusammenhang beleuchtet, aus dem unsere heutige Situation verständlich wird.

Psychotherapie an der eigenen Seele

Wie ein bislang unbekannter, kaum erschlossener Kontinent, so rückt das tiefe Horizonte erhellende Werk von Carl Gustav Jung (1875–1961) langsam näher und tritt in den Bereich des allgemeinen Bewußtseins ein. Immer mehr Zeitgenossen berufen sich auf ihn als Gewährsmann einer neuen Sicht von Mensch und Welt. Jedenfalls gehört er in die Reihe der geistigen Gründergestalten an der Schwelle zum dritten Jahrtausend.

Unumstritten ist der einstige Pionier der jungen, heftig befehdeten Psychoanalyse nicht. Der Kampfgefährte Sigmund Freuds wurde zu dessen entschiedenem Kritiker, ging es doch darum, die Grenzen unseres Wissens um die menschliche Psyche zu überschreiten, nämlich ins Transpersonale hinein. Jung war zwar mit Freud darin einig, daß die Psyche nicht dort aufhört, wo das Ich-Bewußtsein endet. Aufgrund eigener Forschung konnte er bestätigen: Auch das Unbewußte gehört zur Ganzheit der Persönlichkeit hinzu. Doch welcher Art ist dieses normalerweise Unbewußte, das sich in Träumen, Phantasien und ähnlichen bildhaften Vorstellungen äußert? Ist es nur das, was wir vergessen haben oder was wir verdrängen, weil es uns aus irgendwelchen Gründen peinlich oder unbequem und somit lästig erscheint?

Jung hat nun gezeigt, wie sich die geradezu unbegrenzt erscheinende Menschenseele ins Überpersönliche, ins Transpersonale hinein erstreckt. Es sind die Bereiche der Urbilder. Hier walten die Archetypen, also jene strukturverleihenden, anordnenden Faktoren, die der einzelne mit der gesamten Menschheit gemeinsam hat. Allein schon diese Tatsache läßt die Begegnung mit dem Jungschen Werk zu einem aufregenden Abenteuer werden, zu einem Abenteuer, das immer den um Selbsterkenntnis Bemühten selbst betrifft. Es geht um einen Prozeß, der lebenslang andauert und der im Zeichen einer einzigen großen Wandlung steht, will man innerlich „vorankommen".

Veränderung beginnt innen

Nun ist es mit bloßer Wissensaneignung über psychische Tatbestände und Vorgänge nicht getan. Eine der wesentlichsten Einsichten des Tiefenpsychologen liegt auf dem Gebiet der praktischen Lebensgestaltung. Dazu gehört das Feld einer seelischen Hygiene. Man könnte von einer „Seelsorge an der eigenen Seele" und durch die eigene Seele sprechen. Hier bekommt ein Wort von Jesus Christus eine überraschende Bedeutung. Denn was hilft es dem Menschen, wenn er die ganze Welt gewinnt, wenn er sie umgestaltet, wenn er sich sogar im Dienst einer weltweiten Nächstenliebe aufopfert, – darüber aber sich selbst vergißt, also sich selbst von dieser Umgestaltung ausnimmt?

Eine tiefgreifende *Veränderung beginnt innen.* Sie beginnt in der Umwandlung der eigenen Wesensmitte. Dort setzt sie an. Von dort richtet sich die Aktivität auch nach außen: Trachtet *am ersten* nach dem Reich Gottes (das *in euch* ist)! In diesem Christuswort liegt zweifellos ein wichtiges Lebensgesetz beschlossen. Eine Umkehrung der Reihenfolge ist ausgeschlossen. Äußere Regsamkeit und Engagement ersetzen die innere Wandlung nicht. Unrast und blinder Aktionismus gefährden sie vielmehr. Äußerer Erfolg verlangt ein Gegengewicht auf der Ebene des seelisch geistigen Lebens. Und das um so mehr, als es Abschnitte gibt, die zu einer Veränderung herausfordern, sofern es sich nicht um natürliche Entwicklungsschritte handelt. Auffällige Erscheinungen treten bereits in den ersten beiden Jahrzehnten auf: etwa der Zahnwechsel, vor allem aber der Beginn der geschlechtlichen Reifung. Beide Vorgänge stellen sich ein, ohne daß der junge Mensch von sich aus initiativ werden müßte. Sie kommen über uns als natürliche Prozesse. Sie bedürfen noch keiner Kurskorrektur. Sie verlangen kein Umdenken. Alles läuft – zumindest auf der körperlichen Ebene – ganz „wie von selbst" ab.

Anders in der Zeit der Lebensmitte, d. h. ungefähr zwischen dem 30. und 40. Lebensjahr. Die somatischen Vorgänge treten vergleichsweise eher zurück. Der Schwerpunkt des Geschehens rückt gleichsam nach innen. Je mehr nun der Gegenwartsmensch von dem sehr verständlichen und an sich auch berechtigten Streben nach Erfolg fasziniert ist, je mehr ein Prestigedenken den schon bestehenden Leistungsdruck erhöht, desto schwerer wird er den Forderungen gerecht werden, die seine eigene Psyche an ihn stellt. Es sind Anforderungen einer Wachstumstendenz, die eben nicht im Biologischen begründet ist und die sich gerade in einem Zeitraum zu äußern beginnt, in dem biologische Abbauprozesse erste Spuren hinterlassen. Was der einzelne sich noch nicht einzugestehen bereit ist, in der Wirtschaft und auf dem Feld des Leistungssportes ist es längst zur Kenntnis genommen. Weil hier die eigentlichen menschlichen Qualitäten nicht gefragt sind, gilt man, je nach Disziplin oder Branche, sehr früh als „alter Herr" oder als „schwer vermittelbare Arbeitskraft" …

Lebensmitte als Schwelle

Was nun die zu fordernde Veränderung anlangt, die innen beginnt, so ist eine Entelechie gemeint, das heißt eine speziell dem Menschen innewohnende Entwicklungstendenz. Für sie stellen die Werdevorgänge in der Natur bestenfalls Analogien, Gleichnisse dar, weil sie die naturhaften und selbsttätigen Vorgänge *überschreitet.* Was ist damit gemeint?

Sobald die Stadien der ersten Lebensjahrzehnte durchlaufen sind, zeichnet sich ein Einschnitt in jedem Menschenleben ab. In der Mitte einer Biographie wird – zumindest in der Rückschau – sichtbar, daß die natürlichen Antriebskräfte der Jugend zur Neige gehen und die weitere Lebensführung nun von jedem einzelnen entschlossen in die Hand genommen werden muß. Das ist aber nur aufgrund einer Neuorientierung möglich. Die Leitbilder, Zielvorstellungen und auch die Leistungsnormen, die bisher angemessen waren, verlangen eine Überprüfung. Kann es so weitergehen wie bisher? Das ist die – meist unausgesprochene – Frage. Was in der ersten Lebenshälfte natürlich und berechtigt war, das muß eine Wandlung erfahren. Aber welche?

Wie schwer die Einsicht in die Notwendigkeit einer grundlegenden Veränderung in der modernen Gesellschaft fällt, zeigt sich einerseits in der Überbetonung der Jugendlichkeit auf nahezu allen Gebieten unserer Zivilisation, andererseits in dem Verlangen, diese Lebensphase des Jungseins und des natürlichen Leistungsvermögens so weit wie irgend möglich ins Alter hinein zu verlängern. So begrüßenswert die Aktivitäten sind, die dem alten Menschen gewidmet werden, oft stehen sie unter dem fragwürdigen Vorzeichen eines Jugendlichkeitswahns. Dabei ist jener erwähnte Schwellenübertritt um die Lebensmitte, der ungefähr gegen Ende der dreißiger Jahre einsetzt, ein psychologischer Tatbestand, ob man ihn wahrhaben will oder nicht.

C. G. Jung, der in seiner Psychologie dem Wandlungsgeschehen und der zweiten Lebenshälfte besondere Aufmerksamkeit geschenkt hat, bemerkt hierzu:

„Je mehr man sich der Lebensmitte nähert und je mehr es einem gelungen ist, sich in seiner persönlichen Einstellung und sozialen Lage zu festigen, desto mehr will es einem scheinen, daß man den richtigen Lauf des Lebens und die richtigen Ideale und Prinzipien des Verhaltens entdeckt habe. Darum setzt man dann ihre ewige Gültigkeit voraus und macht sich eine Tugend daraus, an ihnen auf immer hängen zu bleiben. Man übersieht dabei die eine wesentliche Tatsache, daß die Errichtung des sozialen Zieles auf Kosten der Totalität der Persönlichkeit erfolgt. Vieles, allzuvieles: Leben, das auch hätte gelebt werden können, bleibt vielleicht in den Rumpelkammern verstaubter Erinnerung liegen, manchmal sind es auch glühende Kohlen unter grauer Asche."[3]

Nach Jung seien Depressionen um das vierzigste Lebensjahr herum häufiger. Bei Frauen können neurotische Schwierigkeiten etwas früher auftreten. Das alles, weil in dieser Lebensphase eine bedeutende Veränderung in der menschlichen Seele stattfinde, obwohl diese einem zunächst gar nicht bewußt sei. Der Psychologe fügt hinzu: „Manchmal ist es wie eine langsame Charakteränderung, ein anderes Mal kommen Eigenschaften wieder zum Vorschein, die seit dem Kindesalter verschwunden waren, oder die bisherigen Neigungen und Interessen fangen an zu verblassen, und an ihre Stelle treten andere, oder – was sehr häufig ist – die bisherigen Überzeugungen und Prinzipien, besonders die moralischen, beginnen sich zu verhärten und zu versteifen, was sich allmählich gegen fünfzig bis zu Unduldsamkeit und Fanatismus steigern kann ..."[4]

Angesichts dieser Anpassungsschwierigkeiten an die besonderen Verhältnisse der zweiten Lebenshälfte, deren Erscheinungsbild die Psychotherapeuten zur Genüge kennen, stellt sich die Frage nach einer Vorbereitung auf diesen Lebensabschnitt. Wie sieht insbesondere eine spirituelle Hilfe aus, wie sie beispielsweise durch die christliche Botschaft dem jeweils Betroffenen gegeben werden könnte?

Schule für Vierzigjährige?

C. G. Jung hat in diesem Zusammenhang einmal darauf hingewiesen, daß selbst kluge, lebensgewandte und in anderer Hinsicht gebildete Menschen von den psychischen Wandlungsvorgängen der Lebensmitte nicht nur nichts wissen, sondern daß sie wie die Allgemeinheit gänzlich unvorbereitet in die zweite Lebenshälfte, den Lebensnachmittag, hineingehen.

Schulen für Vierzigjährige sollte es eigentlich geben, gibt Jung hierbei zu bedenken. Es versteht sich, daß damit nicht eigens einzurichtende Institutionen gemeint sein können. Die Forderung bezieht sich vielmehr auf eine *innere Neuorientierung* der Lebenseinstellung überhaupt. Sie ist spätestens seit dem Zeitpunkt angezeigt, mit dem das Jugendalter als ein Geschenk eigener Art erkannt worden ist und man aufgehört hat, das Kind oder den Jugendlichen als einen „noch nicht Erwachsenen“ abzuwerten. Jede Lebenszeit hat ihren eigenen Wert.

Ein Vergleich bietet sich an: So wie wir gehalten sind, die Menschheitsgeschichte als einen einzigen großen Entfaltungsprozeß des menschlichen Bewußtseins und der Selbstverwirklichung anzusehen, so tut es not, die einzelnen Stadien eines individuellen Lebenslaufs neu einzuschätzen. C. G. Jung argumentiert in diesem Zusammenhang:

„Der Mensch würde gewiß keine siebzig oder achtzig Jahre alt, wenn diese Langlebigkeit dem Sinn seiner Spezies nicht entspräche. Deshalb muß auch sein Lebensnachmittag eigenen Sinn und Zweck besitzen und kann nicht bloß ein klägliches Anhängsel des Vormittags sein.“[5]

Und was die bereits erwähnten „Schulen für Vierzigjährige“, das heißt für die problematische Übergangsphase um die Lebensmitte anlangt, so scheinen diese früher nicht nötig gewesen zu sein, als die Religionen noch stark und lebendig genug waren, eine alle Lebensabschnitte umspannende Lebenshilfe zu bieten. Diese Lebenshilfe umfaßte schließlich auch die Vorbereitung auf Tod und Ewigkeit, eine Dimension, die bekanntermaßen einer allgemeinen Verdrängung anheimgefallen ist. Wo ein Menschenbild platter Diesseitigkeit und Zweckhaftigkeit dominiert, ist für die Tiefe des Seins offenkundig kein Sensorium vorhanden. Das will heißen: Ein Leben, das „aus Gottes Hand“ kommt, in Gottes Hand hineingeht und lebend oder sterbend in Gottes Hand ruht, das ist sicher ganz anders qualifiziert als ein Menschenleben, das in weitgehender „Emanzipation“ und Entfernung von den Quellen und dem Grund allen Lebens geführt wird. Immerhin wußte bereits der prometheisch gesonnene jugendliche Goethe:

... Denn mit Göttern
Soll sich nicht messen
Irgendein Mensch!
Hebt er sich aufwärts
Und berührt
Mit dem Scheitel die Sterne,
Nirgends haften dann
Die unsichern Sohlen,
Und mit ihm spielen
Wolken und Winde. (1778)

Angedeutet wurde bereits, daß das individuelle Menschenleben stets auch in größeren Zusammenhängen zu sehen ist. Die Reifungsprozesse des einzelnen korrespondieren mit Vorgängen der Bewußtseinsentfaltung großen Stils. So kennen wir den Beginn eines Emanzipationsgeschehens, das auf der Schwelle vom Mittelalter zur Neuzeit manifest geworden ist. Kunst und Kultur der Renaissance sowie der zeitgenössische Humanismus können als Indikatoren dieses Vorgangs angesehen werden. Die Rationalität kam aufs neue zur Geltung. Mit ihr das historisch-kritische wie das naturwissenschaftliche Denken: Der Mensch entfernt sich von kirchlicher Bevormundung. Seine bis dahin gültige Fremdbestimmtheit beginnt er abzuschütteln. Auf den Plan tritt das *autonome Ich*. Die europäische Menschheit tritt hierbei in die Phase ihrer Jugendlichkeit ein, wenngleich es zunächst nur eine sehr kleine, mit entsprechenden finanziellen und bildungsmäßigen Gaben ausgestattete Minderheit ist, die hiervon praktischen Gebrauch machen kann. Unnötig zu sagen, daß dieser Entwicklungsabschnitt – mit der Renaissance – längst vergangen ist. Vergangen ist er auch für den einzelnen, der in den Raum seiner dreißiger und vierziger Jahre hineingeht.

Nun ist jenes Emanzipationsgeschehen des sich autonom setzenden Menschen nicht rückgängig zu machen. Ursprung und Gegenwart gehören zusammen. Jeder Versuch, in die Vorrationalität eintauchen zu wollen, entspräche einer Regression, einem bewußtseinsmäßigen Rückschritt. (Daß solche Versuche heute dennoch gar nicht so selten unternommen werden, z. B. in Gestalt eines politischen Nationalismus oder eines ins magische Bewußtsein zurückgewandten Okkultismus, muß an dieser Stelle außer Betracht bleiben.) Ein derartiger Rückschritt bedeutete die Preisgabe der Eigenständigkeit und Freiheit des menschlichen Ichs als Träger einer selbstverantwortlichen Persönlichkeit. Das ist stets zu bedenken.

Gewonnen wurde das Ich-Bewußtsein im Zuge einer großen Extraversion, d. h. einer Wendung nach außen, mit der sich die abendländische Menschheit die Erde untertan gemacht hat. Das geschah in Gestalt von naturwissenschaftlichen Entdeckungen und Erfindungen. Im individuellen Leben entspricht dem die Sturm- und Drangzeit der Jugend, Berufsfindung und Partnerschaft. Daraus erhellt: Die gemeinte Neuorientierung kann nur in voller *Bejahung* des zurückgelegten Menschheitswegs gewagt werden. Und gerade der zu sich selbst gekommene Mensch als individuelles Ich ist es, der die Gestaltung seines (inneren) Lebens von nun an selbst in die Hand nehmen kann und soll. Einer, der weiterhin ein Schoßkind der Natur oder der sie lenkenden Götter bleiben wollte, wäre dazu gar nicht fähig. (Welche Konsequenzen sich für die Religiosität bzw. Spiritualität dieses Menschen – kollektiv und individuell – ergeben, verdient eigens bedacht zu werden.)

Wendung nach innen

Es gibt also eine Entsprechung zwischen der Menschheitsentwicklung, wie wir sie insbesondere im europäisch-nordamerikanischen Raum beobachten können, und dem Reifungsvorgang im Leben eines einzelnen, etwa wie folgt: Der ersten Lebenshälfte entspricht jene Menschheitsvergangenheit, in der der einzelne, eingebunden in die Ordnungen seines Volkes, seiner Rasse oder seiner Kultur, um seinen individuellen Lebensweg und um seine Zukunft nicht besorgt sein mußte. Das Kollektiv und dessen „Götter" regelten das gesamte Leben. An sogenannten primitiven Kulturen mit ihren Großfamilien, ihren Initiationen, ihrem Brauchtum, ihrer bodenständigen Religiosität ist das abzulesen.

Diese Phase seiner Entwicklung ist für den heutigen individuellen Menschen offensichtlich abgelaufen, wenn er um die Lebensmitte auf der Schwelle der bzw. seiner „Neuzeit", der Neuzeit seines eigenen, nun selbst zu verantwortenden Lebens steht. Dieser einzelne kann nun nicht länger darauf bauen, daß andere – Eltern, Lehrer, Ausbilder – ihm den weiteren Weg ins Leben bahnen. Er muß das selbst tun. Er ist endlich zum Pionier und Selbstgestalter seines Schicksals geworden. Sein künftiger Weg verläuft jetzt nicht mehr ausschließlich unter Gesichtspunkten, wie sie durch die Begründung einer wirtschaftlichen und gesellschaftlichen Existenz, durch die Begegnung mit dem anderen Geschlecht und durch die Begründung einer Familie bestimmt sind. Dieser Weg bekommt nunmehr eine deutliche *Wendung nach innen*.

Mit der Frage nach dem Sinn ergibt sich die Notwendigkeit eines Ausgleichs zwischen „innen" und „außen", zwischen dem Bewußtsein und den Wirkkräften aus dem Unbewußten. Es ist nicht zuletzt die Zeit, in der die archetypischen Bilder die in ihnen aufgehobene religiöse Wirklichkeit zur Geltung bringen, indem sie bestimmte Ansprüche an das bewußte Leben stellen. Gemeint ist die Ganzwerdung und die Persönlichkeitsreifung. Es gilt z. B., Illusionen und (unbewußte) Projektionen aller Art als das zu entlarven, was sie sind.

Damit haben wir den Punkt bezeichnet, an dem die Analytische Psychologie Jungs in besonderer Weise mit dem Evangelium und dem Ruf Christi zur Umkehr (Metánoia) in Berührung kommt. Denn nachdem die traditionellen Religionen, auch das kirchliche Christentum, ihre einstmalige Bedeutung, ihre Führungs- und Prägekraft eingebüßt haben, ist insbesondere dem Psychotherapeuten die Funktion zugefallen, die zuvor dem Seelsorger bzw. Priester oblag. Andererseits begann die asiatische Spiritualität (Religion und spirituelle Schulungswege) eine starke Faszination zu entfalten. Entsprechendes gilt für das Interesse an jener Esoterik, die diese Bezeichnung verdient und die nicht als eine kurzlebige, zugleich fragwürdige Modeerscheinung abgetan werden kann.

Da wie dort kommen urtümliche Bilder und Symbole zur Geltung, die den Menschen der zweiten Lebenshälfte in eigentümlicher Weise ansprechen, deren Bearbeitung und Integration in Kirche und Theologie aber seit langem vernachlässigt wird. Daher kann es nicht verwundern, wenn spirituelle Erkenntnis- und Schulungsmethoden aller Art eine Hochkonjunktur erleben. Wird andererseits erkannt, über welchen spirituellen Reichtum die Traditionen des Christentums in der christlichen Gnosis, Mystik und Esoterik verfügen, dann fällt von da aus auch ein erhellendes Licht auf eine neue Bewertung des Alterns und der menschlichen Reifung.

Fragwürdige Kirchlichkeit

Ein „kirchlich" eingestellter Mensch zu sein, galt bzw. gilt in bestimmten Kreisen als Ausdruck besonderer Wertschätzung. Unproblematisch ist diese Qualifizierung freilich nicht. Oft genug ist Kirchlichkeit ein Gradmesser spiritueller Unreife und Unmündigkeit. Unmündigkeit ist der Unwille bzw. die Unfähigkeit, einen inneren Weg zu gehen und diesen für wichtiger zu halten als einen zur Schau getragenen Korpsgeist. Oft genug sind es die Pferche von Konvention und Konfession, die spirituellem Wachstum im Weg stehen.

Der römisch-katholische Christ ist in den entscheidenden Fragen seines Glaubenslebens an den Bischof und an das oberste Lehramt seiner Kirche gebunden, als bedürfte ein geistlich mündiger Christ einer lebenslangen Gängelung. Der Protestant – anspruchsvoll nennt er sich „evangelisch" –, der die Chance hat, die „Freiheit des Christenmenschen" an seinem Teil zu verwirklichen, macht sich viel zu wenig klar, was das eigentlich heißt. Er bleibt auf seine Weise dann unmündig, wenn er sich um geistliches Wachstum nicht kümmert, als ersetze die konventionelle Kirchlichkeit spirituelle Initiativen eines gereiften Christen.

Babynahrung lebenslang?

Nehmen wir ein Beispiel aus dem gottesdienstlichen Leben. Da ist Weihnachten, das Fest, an dem die Kirche selbst von denen bis auf den letzten Platz gefüllt ist, die sonst von ihrer Kirchenmitgliedschaft keinen Gebrauch machen. Was geschieht? – Das „Fest für die Kinder" muß dazu herhalten, irgendwelche Kindheitserinnerungen aufzufrischen. Jesus, „das Kind in der Krippe", läßt sich im übrigen rasch aktualisieren. Armut, Obdachlosigkeit, Flucht – so lauten die immer wieder benutzten Stichworte für die situationsbezogene Verkündigung und somit auch für die „lebensnahe" Weihnachtspredigt. Und mit der Aufforderung: „Laßt uns nun gehn nach Bethlehem!" bleibt man „gut evangelisch", als sei das weihnachtliche Verkündigungspensum bereits erfüllt: „Holder Knabe im lockigen Haar..." Das nenne ich eine Weihnacht, die über den Kindheitshorizont kaum hinausgeht, „alle Jahre wieder". Darf das kommende „Christuskind" denn nicht auch einmal wachsen, „zunehmen an Weisheit, Alter und Gnade bei Gott und den Menschen", wie Lukas (2,52) schreibt? Gemeint ist natürlich das innere Wachstum derer, die geistlich gesehen über den Status des Kindseins nicht hinauszukommen scheinen. Neu ist das Problem nicht, das hier vorliegt. Schon Paulus klagt: Bisher konnte ich noch nicht zu euch sprechen als zu geistig-geistlich Gereiften. Euer Christenstand entsprach dem unmündiger Kinder. Milch, Babykost habe ich euch zu trinken gegeben, weil ihr etwas Handfestes noch nicht vertragt (1. Kor, 3,1 f.), – offensichtlich immer noch nicht!

Zur Gottesgeburt im Seelengrund

Wie aber müßte oder wie könnte die spirituelle Nahrung aussehen, wenn es zutrifft, daß der Mensch in der besprochenen Phase seiner Persönlichkeitsreifung sich mehr von außen nach innen zu orientieren hat? Sollte etwa der Psychologe den Theologen bei der Weihnachtspredigt, und nicht nur hier, vertreten? Daß das nicht erforderlich ist, zeigt eigentlich schon ein Blick ins Gesangbuch und eine meditative Beschäftigung mit Versen jener Dichter, die – wie Paul Gerhardt – die singende Gemeinde nicht an der

Krippe stehen lassen („Ich steh an deiner Krippen hier...“), sondern die sie (im selben Lied!) weiter, tiefer hineingeleiten in das Mysterium der Christusgeburt im Seelengrund. So drückt es seit je die deutsche Mystik aus. Der Dichter weiß, daß er von erwachsenen, zu innerem Wachstum bereiten Menschen etwas mehr als kindertümelnde Sentimentalität erwarten darf:

„... Nimm hin, es ist *mein Geist und Sinn,*
Herz, Seel und Mut, nimm alles hin
Und laß dirs wohlgefallen.“

Und weiter:

„O daß mein Sinn ein Abgrund wär
Und meine Seel ein weites Meer,
Daß ich dich möchte fassen!“

Unverblümt spricht sodann Gerhard Tersteegen („Jauchzet, ihr Himmel, frohlocket“) die Sehnsucht seiner Weihnachtsbitte aus:

„Süßer Immanuel, werd auch *in mir* nun geboren;
Komm doch, mein Heiland, denn ohne dich bin ich verloren;
Wohne *in mir,* mache *ganz eins* mich mit dir,
Der du mich liebend erkoren!“

Er teilt mit dem Angelus Silesius (Johannes Scheffler) und dessen „Cherubinischen Wandersmann“ die Gewißheit, daß es nicht genügen kann, lediglich an die historische Tatsache von vor zweitausend Jahren zu erinnern und sodann bestimmte theologische oder sozialethische Bedeutsamkeiten daran zu knüpfen, wenn er dichtet:

„Wär Christus tausendmal zu Bethlehem geboren,
Und nicht *in dir,* – du bleibst noch ewiglich verloren.“[6]

Spätestens seit der volkssprachlichen Mystik des Mittelalters ist dieses Wissen verbreitet. Meister Eckhart, der die Gottesgeburt im Seelengrund zum zentralen Thema seines religiösen Denkens gemacht hat, plädiert für das Geeintsein in Gott, wenn er in seinen Predigten mit der ihm eigenen Kühnheit sagt:

„Was der Mensch von außen an sich zieht oder nimmt, das ist nicht recht. Gott soll man nicht von außen nehmen oder achten, sondern als *mein eigen* und was *in ihm* (bzw. in einem) ist. Auch soll man nicht dienen oder wirken um ein Warum, weder um Gottes willen noch um seine Ehre, noch um irgend etwas, das außer ihm (bzw. einem) ist, sondern allein um dessen willen, was *das eigene Sein* und *das eigene Leben in ihm* (bzw. in einem) ist.“[7]

Und weiter:

„Der Vater gebiert seinen Sohn im ewigen Erkennen, und also gebiert der Vater seinen Sohn in der Seele als in seiner eigenen Natur; er gebiert ihn der Seele zu eigen und sein Wesen hängt daran ... Wo der Vater seinen Sohn in mir gebiert, da *bin ich* derselbe Sohn, und nicht ein anderer.“[8]

– Die Gefahr einer selbstvergessenen Hybris ist freilich naheliegend. Sie ist dann gegeben, wenn als Ort der Gottesgeburt eben nicht der Seelengrund („das Selbst“), sondern das egoverhaftete, somit rückwärtsgewandte Ich angenommen wird, das egoistische Ansprüche stellt, und seien sie noch so „spirituell“ kaschiert! Dieses Ich gilt es ja gerade zu „lassen“. Alles andere entspricht einer gefährlichen psychischen Inflation (Aufblähung), die das Gegenteil dessen bewirkt, was der Mystiker meint. Und eben darüber sind sich die großen Leitfiguren mystischer Spiritualität im klaren, was von ihren Epigonen nicht immer gesagt werden kann.

„Geburt", Bronzerelief am Portal der Bethlehemskirche, Hamburg

Das nenne ich den jungfräulichen Aspekt, daß die Gottesabkunft des wiedergeborenen Menschen an nichts gebunden ist. Er ist eine von keinem Menschen ableitbare Individualität, sondern geistgezeugt und aus dem Geist geboren.

An dieser Stelle ist auch auf Johannes Tauler, den Straßburger Eckhart-Schüler, zu verweisen, den man geradezu als einen Mystiker der Lebensmitte bezeichnen könnte, weil er wie kaum ein anderer die Wichtigkeit dieses Lebensalters für den Weg zu spiritueller Reife erkannt und auch ausgesprochen hat. So macht er einmal darauf aufmerksam, daß es Felder der Erfahrung gibt, die erst zur Zeit der Lebensmitte oder danach reifen. Denn: „Die Zeit, in welcher der Mensch noch nicht vierzig Jahre alt ist, soll er nicht, weder nach innen noch außen, zuviel dem Frieden, dem Verzicht oder auch der Herrschaft (über sich selbst) vertrauen; denn all das ist noch gar sehr mit der Natur vermischt." Wer nicht willens oder in der Lage sei, die Grenzen der natürlichen Rationalität zu überschreiten, der gelange nicht zur göttlichen Einheit. „Solchem Erlebnis ist bei keinem Menschen vor seinem fünfzigsten Lebensjahre zu trauen."[9]

Johannes Tauler ist es auch, der in einer Weihnachtspredigt drei Geburten unterscheidet, indem er von der ewigen Gottesgeburt über die historische Geburt Jesu hinlenkt zu einer unseren Alltag befruchtenden mystischen Tatsache, wenn er sagt:

„Die erste und oberste Geburt ist die, daß der himmlische Vater seinen eingeborenen Sohn in göttlicher Wesenheit, doch in Unterscheidung der Person gebiert. Die zweite Geburt, deren man heute gedenkt, ist die mütterliche Fruchtbarkeit (Mariens) ... Die dritte Geburt besteht darin, daß Gott alle Tage und zu jeglicher Stunde in wahrer und geistiger Weise durch Gnade und aus Liebe in einer guten Seele geboren wird."[10]

Nein, geistliche Babynahrung lebenslänglich, das schlägt sich – nicht nur – auf den Magen. Es treibt die Menschen, insbesondere Männer der Lebensmitte, aus der Kirche hinaus. Der große Exodus ist längst erfolgt. Kein Wunder, eine Kirche, die, (wie noch zu zeigen ist) ein Kernstück ihrer Esoterik preisgibt, die mag zusehen, wie andere das geistig-seelische Vakuum füllen. Das hält die Sekten- und Weltanschauungsbeauftragten in Trab ... Anders gesagt: Das Wildwasser des Heiligen Geistes kümmert sich wenig um die Rinnen und Kanalsysteme unserer Kirchlichkeit.

Spiritualität außerhalb der Kirche

Es ist nicht jedermanns Sache, in der Lebensmitte bzw. in der zweiten Lebenshälfte die Rückkehr in die angestammte Kirchlichkeit nur deshalb anzutreten, weil eine Wendung nach innen vollzogen werden konnte. Eine solche Wende stünde ohnehin nur Menschen zu, bei denen eine Einwurzelung in eine traditionelle Religiosität bestanden hat. Angesichts der allgemeinen Abkehr von der herkömmlichen Kirchlichkeit dürfte die Zahl derer, die „heimkehren", eher rückläufig sein. Sollte man das etwa beklagen? Die Parole „Religiosität bzw. Spiritualität: ja, Kirche: nein" entspricht bei immer mehr Zeitgenossen einem existentiellen Tatbestand. Oft resultiert er daraus, daß die verfaßten Kirchen nicht mehr in zureichendem Maße in der Lage sind, die seelisch-geistigen Bedürfnisse zu befriedigen. In Kirche und Theologie ist das oft attestierte spirituelle Vakuum entstanden, unter dem die „Geistlichen" selbst leiden.

Andererseits kann man sagen: In dem Maße, in dem die Kirchen an geistlicher Lebendigkeit, Spontanität und Attraktivität verlieren, nimmt das Verlangen nach einem angemessenen Ersatz zu. Dabei muß es sich nicht nur um eine Pseudo-Spiritualität oder um eine Abkehr vom Christentum handeln. Ungezählte Menschen suchen nach einem inneren Weg. Diese unleugbare Tendenz darf nicht mit einer zeitlich begrenzten Modeerscheinung verwechselt werden. Viele legen ihre Kirchlichkeit ab, wie man ein beengendes, letztlich unnötiges Korsett oder ein abgetragenes Kleid auf die Seite legt. Das muß sich nicht durch einen Kirchenaustritt äußern. Es gibt die innere Emigration der Enttäuschten, die von „ihrer" Kirche nichts mehr erwarten. (Daß da und dort gegenläufige, „hoffnungsvolle“ Tendenzen ebenfalls zu beobachten sind, kann an dieser Stelle außer Betracht bleiben.)

Um so bemerkenswerter sind die sich mehrenden inneren Erfahrungen, von denen – einst wie heute – Menschen überrascht, bisweilen überwältigt werden. Es sind Erfahrungen, von denen nicht allein Psychotherapeuten bzw. Psychoanalytiker aus ihrer Praxis berichten. Die gemeinten inneren Wahrnehmungen, die sich nicht auf bestimmte Altersgruppen konzentrieren, bekommen um die Lebensmitte besondere Bedeutung, nicht selten eine das künftige Leben bestimmende Dringlichkeit. Hierfür einige Beispiele aus meinem Umkreis:

Signale von innen

Ein junger Theologe, 34 Jahre alt, teilt mit, daß er sich verändern wolle. In einem bestimmten geistig-religiösen Zusammenhang habe er eine Antwort auf die Fragen gefunden, die er, der Theologe, sich, dem religiös fragenden Menschen, bisher nicht habe geben können. Für die evangelische Theologie habe er sich seinerzeit entschieden, nachdem er während einer musikalischen Aufführung ein spirituelles Erlebnis gehabt habe. Das sei so stark, so sehr sein Leben ergreifend gewesen, daß er es in sich weiter bewegen mußte. Doch seine Hoffnung, daß die Theologie ihn weiter in die Tiefe führen könne – deshalb entschloß er sich eigentlich für dieses Studium! – erwies sich als ein schwerwiegender Irrtum.[11] Seine Lehrer, seine heutigen Kollegen und Vorgesetzten, sofern er mit ihnen das Erlebte erörtern konnte, standen all dem verständnislos gegenüber; – eine „Privatoffenbarung“, die man nicht überbewerten dürfe . . . Damit ist der Betreffende auf sich selbst zurückverwiesen, auf einen Werdeprozeß mit eigener Gesetzmäßigkeit.

Das andere Beispiel stellt ein 39jähriger freiberuflicher Dekorateur dar. Ihn überraschte während seiner Mittagspause im Auto eine Stimme. Unter bestimmten Bedingungen, z. B. unter der Voraussetzung völliger Selbstlosigkeit, solle er einen Tempel konstruieren und ihn an verschiedenen Orten der Welt errichten, u. a. in Frankfurt und in Tokio. Im Laufe der Zeit erhielt er durch die Stimme bis in Einzelheiten der Gestaltung gehende Anweisungen. So solle der Baukörper die Form eines großen Eies haben, die Außenwände sollen transparent sein. Innen soll es sechs um eine konzentrische Mitte geordnete gleichgroße Räume geben für sechs verschiedene Religionsgemeinschaften. Über das, was in diesem Tempel zu geschehen habe, erhielt der Betreffende keine Angaben. Der katholisch getaufte Mann erklärte sich als unkirchlich und als nicht religiös im herkömmlichen Sinn. Der „Zufall" wollte es, daß er bei Suche nach geeigneter Literatur in einer Stuttgarter Bibliothek auf verschiedene christliche Mystiker stieß. Daß der angebliche Tempelbau, um dessen Realisierung er sich mit großem Einsatz bemühte, mit ihm und seiner Selbstwerdung zu tun haben könnte, war ihm im ersten Gespräch nur sehr schwer einsichtig zu machen. Immerhin gab ihm zu denken, daß der Grundriß ein Ganzheitssymbol darstellt, überwölbt von jener transparenten Hülle, die äußere Wirklichkeit hereinläßt, aber auch innere Wirklichkeit „durchscheinen" läßt.

36 Jahre alt war die in einem oberbayerischen Dorf mit ihrem Kind lebende Frau, als sich bei ihr – durch besondere Umstände bedingt, nach dem Zweiten Weltkrieg – eine mediale Fähigkeit einstellte: das automatische Schreiben. Über mehrere Jahre hinweg empfing sie Botschaften unterschiedlicher Beschaffenheit. Überblickt man die sorgfältig dokumentierten Zeugnisse im Zusammenhang des konkreten Lebens der heute Achtzigjährigen, dann besteht kein Zweifel, daß sich hier ein Prozeß der Selbst-

verwirklichung abgespielt hat, die der dem kirchlichen Christentum indifferent gegenüberstehenden Frau ein Christusverständnis eigener Art vermitteln half. An die Stelle des leidenden Christus, der ihr einst offensichtlich nahegebracht worden war, trat ein freudeerfüllter, lebensnaher Jesus. Was das mediale Schreiben betrifft, so diente es lediglich als Einstieg in diesen Werdeprozeß. Das Bewußtsein hellte sich mehr und mehr auf. Menschen, die mit ihr, Irmengard Bardo (Pseudonym), und ihren noch unveröffentlichten Schriften in Berührung kamen, empfingen ermutigende Impulse.

Als ich in anderem Zusammenhang („Heilige Hochzeit") auf die speziellen Erfahrungen von Irmengard Bardo aufmerksam machte, nahmen bezeichnenderweise kirchlich orientierte Leser an der Tatsache der medialen Übermittlung dieser „Schrift aus der Mitte" Anstoß, weil es sich hierbei um „Okkultismus" handle. Nun ist faktisch all das „okkult", d. h. verborgen, was sich in den Tiefen der menschlichen Seele ereignet. Entscheidend ist allein, daß die für das innere Wachstum wesentlichen unbewußten Vorgänge in die Gesamtpersönlichkeit ohne Schaden integriert werden können, ohne daß eine Bewußtseinstrübung oder irgendeine seelische Abhängigkeit entsteht. Was im Zusammenhang unserer Fragestellung von Bedeutung ist, das ist das innerseelische Geschehen als solches, und das sind die Resultate menschlicher Reifung, die einsichtig werden, wenn man den Lebensgang dieses zurückgezogen lebenden, geistig regen und natürlich gearteten Menschen überblickt. Kirchliche Seelsorge und Begleitung hätte dieser ebenso bescheidenen wie selbstbewußten Frau nichts zu geben gehabt, das ihr gefehlt hätte. Auch als bei ihr die „Schrift aus der Mitte" versiegte, hielt ihre seelische Ausgeglichenheit an und ihr Lebensmut, der allen Widrigkeiten zum Trotz standgehalten hat.

Die Beispiele dieser Art ließen sich sicher auch von anderer Seite her vermehren. Somit stellt sich die Frage nach der kirchlichen Seelsorge (Seelenführung) und Verkündigung oder – unter anderem Blickpunkt – nach einer fragwürdig gewordenen Kirchlichkeit.

Individuation: Schritte zur Selbst-Werdung

Wer bin ich eigentlich? Was will ich? Welchen Weg soll ich gehen? Kann ich die eingeschlagene Richtung weiter verfolgen, oder ist eine Richtungsänderung, gar eine Umkehr geboten? Welchen Sinn hat mein Leben? Was bleibt mir zu hoffen?

Wer ist das Selbst?

Wir kennen diese Fragen. Es sind unsere Fragen. Sie mögen eine individuelle Färbung bekommen, je nach dem Augenblick, in dem sie gestellt werden. Eines aber ist klar: Wer so fragt, für den hat bereits ein Prozeß der Selbstkonfrontation begonnen. Er ahnt, daß er eine Antwort finden muß, indem er diesem rätselhaften, unbekannten „Selbst" standhält. Vor allem wird ihm deutlich, daß ihm kein anderer diese Auseinandersetzung abnehmen kann. Eine Stellvertretung ist ausgeschlossen. Daher die Dringlichkeit des Themas. Jeder ist betroffen ...

Der Zeitpunkt, in dem dieser Prozeß der Selbstbegegnung und der Selbstwerdung in Gang kommt, kann von Mensch zu Mensch recht verschieden sein. Für ungezählte junge Menschen bricht diese existentielle Problematik schon sehr frühzeitig auf. Die Tiefenpsychologie verweist darüber hinaus auf den Wendepunkt-Charakter, den die Jahrzehnte der Lebensmitte anzunehmen pflegen. Uralt ist dagegen das Wissen, daß das Reifwerden mit einem Abschiednehmen, mit einem Sterben und mit einem Wandlungsgeschehen zu tun hat. Da ist etwa der schon zitierte altgriechische Philosoph Heraklit:

„Lebendes und Totes, Wachendes und Schlafendes,
Junges und Altes sind eins.
Denn das eine wandelt sich ins andere
und das andere zurück in das Vorige."

In der Tiefenpsychologie von C. G. Jung steht der Vorgang der Selbst-Werdung im Zentrum aller Bemühungen um Erkenntnis und Veränderung. Jung geht davon aus, daß jeder Mensch über eine Art Lebensmuster verfügt, über eine angeborene Möglichkeit, sich selbst zu verwirklichen. Dabei bleibt zunächst offen, ob man sich eines eigenen Lebensmusters, das man auch Schicksal nennt, voll bewußt wird. Offen bleibt, ob man die angelegten Lebensmöglichkeiten nützt oder ob die Selbst-Verwirklichung außer acht bleibt, etwa als ein unbewußt verlaufender oder auch scheiternder Wachstumsprozeß.

Nach Jung bedeutet Individuation „zum Einzelwesen werden und, insofern wir unter Individualität unsere innerste, letzte und unvergleichbare Einzigartigkeit verstehen, zum eigenen Selbst werden." Formulierungen wie diese legen mancherlei Mißverständnisse nahe. Daher ist mit aller Deutlichkeit zu betonen, daß Individuation in dem hier gemeinten Sinn mit Individualismus oder gar Egoismus nichts zu tun hat. Denn „Individuation bedeutet geradezu eine bessere und völligere Erfüllung der kollektiven Bestimmung des Menschen, indem eine genügende Berücksichtigung der Eigenart des Individuums eine bessere soziale Leistung erhoffen läßt, als wenn die Eigenart vernachlässigt oder gar unterdrückt wird."[12] Auch wenn die ganz persönliche Sache – eben die Persönlichkeitsreifung – gemeint ist, so bleibt die soziale Verantwortung dadurch unbeeinträchtigt. Erst am konkreten Du und erst in den Spannungen des problembeladenen Wir entdecken wir unser eigentliches Selbst. Mit anderen Worten:

„Individuation kann daher nur einen psychologischen Entwicklungsprozeß bedeuten, der die gegebenen individuellen Bestimmungen erfüllt ... den Menschen zu *dem* bestimmten Einzelwesen macht, das er nun einmal ist. Damit wird er nicht ‚selbstisch' im landläufigen Sinne, sondern erfüllt bloß seine Eigenart, was – wie gesagt – von Egoismus oder Individualismus himmelweit verschieden ist."[13]

So kann man sagen: Die echte Individuation verlangt vom Menschen die Bereitschaft, die oftmals überhöhten Ansprüche und Erwartungen seines Alltags-Ichs zugunsten einer übergeordneten Instanz aufzugeben. Diese Instanz ist das „Selbst", gleichsam der geheime Pol des menschlichen Lebens überhaupt. Die Mitte unseres Menschseins. Gemessen daran sind unsere soziale Rolle, unser beruflicher Status und dergleichen nur eine Maske. Diese Maske – Jung nennt sie „Persona" – benötigen wir zwar im gesellschaftlichen Leben, aber identisch mit ihr sind wir nicht. Wir sind es um so weniger, wenn wir – wie es oft geschieht – ganz in unserer Persona-Rolle aufgehen, als wären wir nur diese. Selbst-Entfremdung entspräche diesem Tatbestand. Er besteht so lange als eine Selbsttäuschung, solange wir unfähig sind, zwischen unserer Wesensmitte und eben dieser Persona-Maske zu unterscheiden. Natürlich ist die nötige Unterscheidung erst dann wirksam, wenn wir uns auch dementsprechend verhalten. Das ist leichter gesagt als getan, bedenkt man, daß wir in einer stark extravertierten, d. h. nach außen gerichteten Gesellschaft leben, in der alles zählt, was sich optisch und akustisch vorführen läßt.

Die konkrete Aufgabe bestünde beispielsweise darin, daß wir etwa als Konsumenten, als Kunden, als Empfänger aller Art (auch von Nachrichten, Werbesprüchen, Parteiparolen etc.) bedenken, wieviel wir an individueller Freiheit preisgeben, wenn wir versäumen, unser Rollenverhalten kritisch zu überprüfen. Entsprechendes gilt für Funktionsträger, für Inhaber bestimmter Ränge oder Titel, die allzu leicht vergessen, daß sie in erster Linie ein empfindender, fühlender, verantwortlicher Mensch sind. Wer in jedem Fall „nur nach Vorschrift" arbeitet, „immer im Dienst" ist, nie „abschalten" kann, der ist viel zu sehr in seine Persona verstrickt. Sein Person-Sein hingegen leidet darunter. Seine Mitmenschen auch. Zur Erkenntnis seines Selbst gelangt nur, wer auf diese Weise seines tatsächlichen Menschseins inne wird und wer sich nicht bereits mit jener Funktion verwechselt, mit der er sich seiner Umgebung zuwendet. Um auf dem Weg der Selbst-Werdung voranzukommen, sind freilich weitere Schritte nötig.

Die unabweisbare Krise

Um den Lebensmittag sind sie da, die ungeahnten Schwierigkeiten. Schlagartig stellen sie sich ein. Andere erleben sie wie eine schleichende Veränderung dessen, was bis dahin „in Ordnung" schien. Etwa so: Der geliebte Ehepartner beginnt „unerträglich" zu werden. Das war doch nicht immer so! Der Beruf mit seiner alltäglichen Routine ödet einen an. Man möchte alles „hinwerfen" und „ausbrechen". Warum nicht „nochmals ganz von neuem anfangen"? – So lauten die Redensarten. Ein beklemmendes Gefühl der Leere und der Sinnlosigkeit breitet sich aus. Fluchtwege werden gesucht und erprobt, etwa riskante Abenteuer, Affären, Alkohol oder Arbeitswut ...

Was ist eigentlich geschehen? Handelt es sich bei diesen und ähnlichen Symptomen – bei anderen beobachtet man sie früher als bei sich! – lediglich um die seelischen Begleiterscheinungen für ein merkliches Nachlassen der körperlichen Fähigkeiten und der persönlichen Attraktivität? Unsicherheit taucht auf. Resultiert das bislang nicht bekannte Gefühl, eine schleichende Angst, lediglich aus der Tatsache, daß die Chancen, deren man bis dahin sicher war, abnehmen?

Es ist nicht zu leugnen, daß Enttäuschungen im privaten wie im beruflichen Leben während der zweiten Lebenshälfte eine ganz andere Note bekommen, als es zuvor der Fall gewesen ist. Der Gedanke der Endgültigkeit läßt sich nicht abweisen. Die Krisenstimmung, die dieser Gedanke hervorruft, wiegt vor allem dort schwer, wo unbewußte Omnipotenzgefühle gehegt wurden und wo man – ebenfalls unbewußt – nach der suggestiven Formel verfuhr: „Es geht mir auch in Zukunft von Tag zu Tag immer besser, immer besser ..." Um so bestürzender wirkt sich die Einsicht in die eigene Sterblichkeit aus. Das Wissen um die „Grenzen des Wachstums" bekommt unversehens eine unerhört existentielle Note.

Was ist zu tun, wenn man eingesehen hat, daß sich auch das Rad der eigenen Lebensgeschichte nicht zurückdrehen läßt? Nicht einmal anhalten läßt sich der Augenblick, von dem die Berauschten singen, „er sollte nie vergehen". Viele versuchen in einer Krisensituation, das Heraufdämmern der Einsicht in die realen Verhältnisse zu verleugnen. Man verbirgt die Gefühle der Trauer oder des Niedergeschlagenseins vor sich selber. Man redet sich vielleicht ein, verglichen mit dem oder jenem sei man doch der weitaus Vitalere, Jugendlichere. Man nehme es noch mit dem Jungen auf ...

Wie bekannt dergleichen Ausreden und Einreden doch sind! Sie zeigen an, daß man noch nicht bereit ist, die Totalität des menschlichen Lebens zu realisieren, die dadurch Ganzheit verkörpert, daß im Selbst die Gegensätze von bewußt und unbewußt, von innen und außen, von männlich und weiblich vereinigt sind. Wenn unser alltägliches Ich im Mittelpunkt unseres Bewußtseins ist, dann darf das Selbst als Mitte und Umfang seelischer Ganzheit angesehen werden. Es meint auch „das Ziel des Lebens, denn es ist der völligste Ausdruck der Schicksalskombination, die man Individuum nennt“, bemerkt Jung einmal.

Ganzwerdung ist angezeigt

Aus diesem Grund entspricht die Individuation oder Selbst-Werdung einem *Reifungsvorgang,* in dem der Einzelmensch dahin gelangt oder gelangen soll, die natürliche Entfaltung seiner Ich-Persönlichkeit mit den ihr eigentümlichen Qualitäten des biologischen Wachstums, der Jugendlichkeit und der Fruchtbarkeit als die *eine* Seite seelischer Wirklichkeit zu betrachten. Sie gilt es in einem geradezu buchstäblichen Sinn des Wortes zu „er-gänzen“, das heißt: ganz werden zu lassen. Aber wie geht das zu?

Wenn man als Mann oder als Frau die Krise seines Lebens, die Lebensmitte-Krise, erlebt und im Tiefpunkt seiner Enttäuschung das vielzitierte Wort ausspricht: „Das kann doch nicht alles gewesen sein!“ – dann drückt man damit instinktiv-unbewußt aus, was man auf dem Weg einer bewußt zu durchlaufenden Individuation als eine Erfahrung gewinnen kann. Es ist eine Erfahrung, die dem Leben – gleichsam von einem Nullpunkt aus – von neuem Sinn zu geben vermag.

Jung, der das menschliche Leben in dem angedeuteten Sinn mit dem Lauf der Sonne vergleicht, der nach Erreichen des Höhepunkts im Mittag einer Abwärtsbewegung entspricht, betont, daß der *Nachmittag des menschlichen Lebens* ebenso sinnreich sei wie der Vormittag, denn:

„Der Mensch hat zweierlei Zwecke; der erste ist der *Naturzweck,* die Erzeugung von Nachkommenschaft und alle Geschäfte des Brutschutzes, wozu Gelderwerb und soziale Stellung gehören. Wenn dieser Zweck erschöpft ist, beginnt eine andere Phase: der *Kulturzweck.* Zur Erreichung des ersten Zieles hilft die Natur und überdies die Erziehung; zur Erreichung des letzteren Zieles hilft uns wenig oder nichts ... Die Probleme, die sich in diesem Alter (d. h. der zweiten Lebenshälfte) stellen, sind nicht mehr nach den alten Rezepten zu lösen ... Was die Jugend *außen* fand und finden mußte, soll der Mensch des Nachmittags *innen* finden."

„Du mußt dein Leben ändern ..."

Es ist nicht zu übersehen, daß traditionelle Religiosität wie auch spirituelle Praktiken in der Psychotherapie eine moderne Entsprechung finden. Die Parallelität kann man sich an dem zentralen Motiv der Wandlung und des Sterbens verdeutlichen. Der Initiant (der Einzuweihende) der antiken Mysterien wurde im Verlauf der Einweihungsvorgänge mit der Realität des Sterbens (symbolisch) konfrontiert. Er erfuhr, daß das menschliche Leben sich nicht im Biologischen erschöpft und daß es über das Natürliche, Sterbliche hinausreicht in die Unsterblichkeit. Ihrer will man schon im jetzigen Leben gewiß werden. „Das Sterbliche muß anziehen die Unsterblichkeit", schreibt Paulus im 1. Korintherbrief (15, 53). Von dieser Teilhabe an einem naturgemäß verborgenen Leben weiß vor allem der Mystiker, der bereit ist, sein Alltags-Ich aufzugeben, in den mystischen Tod hineinzugehen, nicht etwa aus Lebensüberdruß, sondern um „mehr Leben" zu erhalten, eigentliches Leben, und zwar schon in der Phase seiner vergänglichen Existenz! Seine Devise lautet:

> Wer nicht stirbt, eh er stirbt,
> der verdirbt, wenn er stirbt.

In seinem berühmten „Cherubinischen Wandersmann" gibt der Angelus Silesius Johannes Scheffler dieser Gewißheit Ausdruck, wenn er schreibt:

> Ich glaube keinen Tod, sterb ich gleich alle Stunden,
> So hab ich jedesmal ein höher Leben funden.

Und um dieses neue, höhere Leben geht es in der Tat in den mystisch-esoterischen Zusammenhängen. Aus diesem Grund kommt der Spiritualität, die dem Mysterium der Wandlung, auch der „Gottesgeburt im Seelengrund" (Meister Eckhart), besondere Aufmerksamkeit schenkt, für den Menschen der zweiten Lebenshälfte so große Bedeutung zu. Es fragt sich jedoch, in welchem Maße es etwa einem betont extravertierten Menschen gelingt, diese Wendung nach innen zu vollziehen bzw. diese Dimension in sein konkretes Leben einzufügen. Auch das Postulat des Dichters deutet in die gleiche Richtung: „Du mußt dein Leben ändern".

Geburt des Todes

Wer dem medizinischen Tod gerade noch einmal entronnen ist, nach einem Infarkt, bei einem Unfall oder nach einer lebensgefährlichen Krankheit, der wird sich der existentiellen Gültigkeit einer solchen Forderung erst voll bewußt. Dabei handelt es sich um ein Thema und um eine Situation, mit der im Grunde jeder „fertig werden" muß, der die Schwelle der Lebensmitte überschreitet. Wie wir bereits gesehen haben, schenkt Jung in seinen Schriften diesem Problem große Aufmerksamkeit. In einem seiner Aufsätze, betitelt „Seele und Tod", heißt es hierzu:

„Von der Lebensmitte an bleibt nur der lebendig, der mit dem Leben sterben will. Denn das, was in der geheimen Stunde des Lebensmittags geschieht, ist die Umkehr der Parabel, *Die Geburt des Todes*. Das Leben der zweiten Lebenshälfte heißt nicht Aufstieg, Entfaltung, Vermehrung, Lebensüberschwang, sondern Tod, denn sein Ziel ist das Ende. Seine-Lebenshöhe-nicht-Wollen ist dasselbe wie Sein-Ende-nicht-Wollen. Beides ist: Nicht-leben-Wollen. Nicht-leben-Wollen ist gleichbedeutend mit Nichtsterben-Wollen. Werden und Vergehen ist dieselbe Kurve."[14]

Besonders eingängig oder gar sympathisch sind diese Sätze wohl nicht. Man muß sich schon die Mühe machen, genau hinzusehen, bis einem aufgeht, was die dialektisch-paradox formulierte Aussage vom Leben-Wollen und Sterben-Wollen bedeutet. Jung ergänzt:

„Ein Mann von dreißig, der noch infantil ist, ist wohl bedauernswert, aber ein jugendlicher Siebziger, ist das nicht entzückend? Und doch sind beide pervers, stillos, psychologische Naturwidrigkeiten. Ein Junger, der nicht kämpft und siegt, hat das Beste seiner Jugend verpaßt, und ein Alter, welcher auf das Geheimnis der Bäche, die von Gipfeln in Täler rauschen, nicht zu lauschen versteht, ist sinnlos, eine geistige Mumie, welche nichts ist als erstarrte Vergangenheit. Er steht abseits von seinem Leben, maschinengleich sich wiederholend bis zur äußersten Abgedroschenheit. Was für eine Kultur, die solcher Schattengestalten bedarf!"[15]

Den Aufgang im Untergang finden

Weil oben auf das Gleichnisbild vom Sonnenlauf angespielt wurde, ist nun eine wichtige Ergänzung einzufügen: Es gibt offensichtlich nicht nur jene Lebenslinie, die nach dem Zenit absinkt, dem biologischen Absterben entgegen. Denn eben darin stimmen jene alten geistigen und religiösen Überlieferungen in West und Ost mit der modernen Esoterik und Tiefenpsychologie überein, daß es noch eine *andere Lebenslinie* gibt, die nicht die biologisch-naturhaften Vorgänge des Aufstiegs und Abstiegs abbildet, und zwar eine seelisch-geistige. Sie folgt ihren eigenen Gesetzmäßigkeiten.

Es gibt einen Aufgang im Untergang; es gibt eine neue Aussaat, wo das Feld abgeerntet zu sein scheint.

Hier können Überlegungen nützlich sein, die der niederländische Arzt und Jugendpsychiater Bernard Lievegoed angestellt hat. Er legt dar, wie die geistige – gemeint ist die spirituelle – Entwicklung des Menschen am Anfang des Lebens mit der Entfaltung und Ausbildung des Ich-Bewußtseins parallel läuft, wie sie sich jedoch zur Lebensmitte hin verselbständigt. Und in dem Augenblick, in dem die biologische Kurve beginnt, sich nach abwärts zu bewegen, ist ein wichtiger Punkt erreicht; hier entscheidet sich, ob nun auch in geistig-seelischer Hinsicht ein solcher Abstieg erfolgen muß, oder ob es gelingt, eine innere Kehre zu vollziehen, einen Aufstieg im Seelisch-Geistigen. Daß künstlerisch oder wissenschaftlich kreative Menschen oft erst in der letzten Lebenszeit ihr Werk zu krönen vermögen, ist immer wieder zu beobachten. Bernard Lievegoed, der in seinen Arbeiten tiefenpsychologische Resultate (Jung; R. Assagioli) mit Einsichten zu verbinden weiß, die er aus der Menschenkunde Rudolf Steiners ableitet, trifft hierbei folgende bemerkenswerte Feststellung:

„Wer in der mittleren Phase seines Lebens schon Interesse für Kunst, Wissenschaft, Natur oder soziale Tätigkeit entwickelt hat, der wird die große Wende auf seinem Lebensweg nach dem vierzigsten Lebensjahr fast unbemerkt passieren. Er wird jenseits dieser Schwelle die Kraft für sein Leben immer mehr aus einem geistigen Quell schöpfen können. Wer allerdings in der mittleren Phase seines Lebens nur dem persönlichen Erfolg nachgejagt ist, wer alles selbst hat tun wollen, nur von sich selbst ausgegangen ist, alles beiseite geschoben hat, was der Karriere hinderlich war, oder wer sich passiv durch seine Arbeit oder seine Lebensumstände hat leben lassen, der kommt nach dem vierzigsten Lebensjahr in eine existentielle Krise und ist Mitte fünfzig ein tragischer Mensch geworden, der immer nur der guten alten Zeit nachtrauert und sich von allem Neuen bedroht fühlt.“[16]

Solche Feststellungen, die ihrem Gehalt nach durch Beobachtungen an psychisch belasteten wie an gesunden Menschen bestätigt worden sind, haben C. G. Jung, aber auch Vertreter anderer Schulrichtungen (z. B. V. Frankl, K. Graf Dürckheim, Humanistische und Transpersonale Psychologen) zur Überzeugung geführt, daß die heute erforderliche Therapie zu erweitern sei. Es genüge nicht, sich ausschließlich pathologischen Erscheinungen zuzuwenden. Der englische Psychotherapeut Gerhard Adler, ein Schüler C. G. Jungs, bemerkt zu dieser besonderen, auf Individuation ausgerichteten Aufgabenstellung:

„Die geistige Seite des Menschen wird hierbei ebenso berücksichtigt wie seine rein instinktive; die geistige Seite muß sogar als die in Wirklichkeit entscheidende Erscheinungsform des psychischen Prozesses angenommen werden, weil sie die charakteristisch menschliche ist. Nur wenn man sich klarmacht, daß es nicht Aufgabe der Psychologie sein kann und darf, geistige Probleme zu ‚nichts als' Sexualität, Macht- oder andern Trieben zu reduzieren, sondern diese Probleme als die unvermeidliche und schöpferische Bemühung versteht, eine Antwort auf die Frage nach dem Sinn des Lebens zu finden, kann Psychotherapie ihre eigentliche Funktion erfüllen, nämlich die, sich mit der Totalität des menschlichen Lebens zu befassen."[17]

Innen und außen

In außerordentlichen Träumen, nicht zuletzt in den geistig-religiösen Überlieferungen der Menschheit, manifestieren sich archetypische Bilder und Symbole der Ganzheit. So können Kugel, Kreis und Quadrat – bisweilen auch die Kombination solcher Strukturelemente – psychische Ganzheit zum Ausdruck bringen. Das altchinesische Taigitu-Zeichen, ein Kreis, dessen Fläche zur Hälfte schwarz und zur anderen Hälfte weiß ist und die Einheit von Yang und Yin, das heißt des Lichten und Dunklen, des Männlichen und des Weiblichen symbolisiert, ist ein solches Beispiel. Und dadurch, daß sich in diesem Taigitu-Symbol in der Form eines „S" die helle an die dunkle Fläche schmiegt, ist die Zusammengehörigkeit der beiden Pole betont. Indem wir dieses, die beiden Gegensätze vereinigende Yang-Yin-Zeichen als Ausgangspunkt nehmen, wollen wir jetzt auf zwei wichtige Erscheinungsweisen des Individuationsprozesses unser Augenmerk legen. Wir befassen uns zum einen mit dem Gegenüber von Licht und Dunkel, zum andern mit dem des Männlichen und des Weiblichen.

Mit anderen Worten: Es geht auf der einen Seite darum, den sogenannten „Schatten" als den Dunkelbereich der eigenen Psyche zu erleben, anzunehmen und schließlich zu integrieren. Zum anderen soll der Individuierende mit dem, was Jung das „Seelenbild" genannt hat, konfrontiert werden: der Mann mit seiner inneren Weiblichkeit (Anima), die Frau mit ihrer inneren Männlichkeit (Animus). Diese vorläufige Zielangabe deutet auf Innenerfahrungen hin, die im Laufe des Individuationsgeschehens gemacht werden können. Sie sind geradezu Stationen eines inneren Weges.

Doch daraus ist nicht etwa der Schluß zu ziehen, als erfolge die menschliche Reifung lediglich „innen". Manche meinen sogar, der Individuierende solle und könne durch ein System bestimmter Übungen oder durch ein Psychotraining in der Weise sich selbst verwirklichen, indem er eine Art Übermensch wird, der sich völlig vergeistigt und der absolute Macht über seine Instinkte und Emotionen gewinnt. Davon kann nicht die Rede sein. Darüber vergesse man nicht: Ganzwerdung oder Vollständigkeit der Psyche ist nicht mit Vollkommenheit im moralischen Sinne zu verwechseln. Das traditionelle christliche Heiligenbild hat hier ebensowenig Platz wie der Traum vom Fakir oder Meister-Yogi. Jolande Jacobi ergänzt hierzu:

„Der Individuationsprozeß hat nämlich in keiner Weise ein sogenanntes moralisches Ziel im landläufigen Gebrauch des Wortes. Er erstrebt keinen Perfektionismus und soll dem Menschen nur dazu verhelfen, im weitesten Sinn und wesensgetreu der zu werden, der er in der Tat ist, und sich nicht hinter jener Idealmaske zu verbergen, die so gerne mit dem wahren Wesen eines Individuums verwechselt wird, obwohl das dahinter verdrängte Böse gerade dadurch leichter hervorbricht."[18]

Es ist keine Frage: Zu dem inneren Vorgang der Bewußtmachung transpersonaler Zusammenhänge und Bilder muß immer das äußere Leben mit seinen Ansprüchen und Verpflichtungen, etwa in Beruf, Familie, Gesellschaft samt der Zeitalterproblematik hinzukommen. Eine Individuation fernab der Welt ist ausgeschlossen. Wir reifen an den Widerständen und angesichts der vielfältigen Herausforderungen, die wir uns in der Regel nicht suchen, sondern die uns in den Weg gelegt werden. Werden sie uns denn in den Weg gelegt? – Sie *sind* der Weg, sie sind Stationen auf dem Weg!

So gesehen gehören die innere, geistige Wirklichkeit und die äußere Realität zusammen. Sie konstellieren unser Selbst; unser Selbst konstelliert sie. Aniela Jaffé bemerkt hierzu:

„Beide Aspekte des Prozesses werden vom mächtigen Archetypus des Selbst angeordnet... Darum ergänzt Jung seine Definition des Individuationsprozesses als Ablauf innerer Bilder durch dessen Umschreibung als ‚Leben': ‚Jedes Leben ist schließlich die Verwirklichung eines Ganzen, das heißt eines Selbst, weshalb man die Verwirklichung auch als Individuation bezeichnen kann.'"[19]

Demnach gilt es die inneren Bilder und die äußeren Erfahrungen zur Deckung zu bringen.

Selten genug erleben wir die innere und äußere Harmonie. Allzuoft überwiegen die Negativerfahrungen der Widerstände, der schwierigen Situationen, die unausstehlichen Leute, die Zeiten der Pechsträhnen und dergleichen.

Bei diesen äußeren Begebenheiten bleibt es nicht. Das Tageserleben pflegt uns bis in unsere Träume hinein zu verfolgen. Die Welt der Träume aber ist jener Bereich seelischer Wirklichkeit, in dem das Unbewußte in seiner rätselhaften Bildsprache zu reden beginnt. Sehen wir einmal von jenen Träumen ab, in denen lediglich Bruchstücke, „Tagesreste" dessen in kaum verschleierter Form wiederkehren, was man kurz zuvor erlebt hat, dann treten doch immer wieder einmal bemerkenswerte Figuren in Erscheinung.

Nicht selten sind es Figuren, die Attribute des Negativen, des Bösen, des Widersprüchlichen, Ärgerniserregenden an sich tragen. Und an dergleichen Gestalten erinnert man sich schon deshalb, weil man sie als Träumender ablehnt oder ihnen in irgendeiner Weise widerspricht. Man will nichts mit ihnen zu schaffen haben.

Taucht ein derartiger Traum auf, in dem eine solche Schatten-Figur im Mittelpunkt des Geschehens steht, dann fragt man sich, wer das eigentlich sei. Vielleicht gelingt es auch, eine gewisse Ähnlichkeit mit der einen oder anderen aus dem täglichen Leben bekannten Person festzustellen. Irgendwie hat man aber den Eindruck, daß diese Vermutung doch nicht ganz zutrifft. Das ist vor allem dann der Fall, wenn sich dieses oder ein ähnliches Traummotiv immer wieder in den Träumen meldet. Sollte es sich nur um die Abbildung äußerer Geschehnisse handeln? Doch das hieße, einen Traum auf der Objektstufe deuten zu wollen. Gemeint ist der Versuch, von sich selbst abzusehen.

Die Erfahrung zeigt aber, daß oft eine ganz andere Deutung angebracht ist, was die handelnden Personen und die innere Traumdramatik anlangt. Ist es nicht so, daß ich als der Träumer nicht allein der Betrachter, sondern auch der Produzent und der Regisseur dessen bin, was auf der inneren Bühne meiner eigenen Seele gespielt wird? Warum sollte ich nicht selbst im Traum die eine oder die andere Rolle spielen, wenngleich in der Verkleidung vermeintlich anderer Personen?

Diese Frage drängt sich gerade dann auf, wenn man sich bisher noch zu wenig um die Vorgänge im eigenen Innern gekümmert hat. Spätestens dann, wenn die Lebensmitte-Problematik in Erscheinung tritt, ist die Auseinandersetzung mit der natürlicherweise verborgenen Seite unserer Existenz geradezu ein Gebot der Stunde.

Wie nun die Analytische Psychologie zeigt, führt die Traumdeutung auf der Subjekt-Stufe zu überraschenden Ergebnissen. Konkret heißt das dann: Die Traumpersonen, die in einem dramatischen Handlungsablauf agieren, stehen mit dem Träumenden und mit seiner Problematik in Beziehung. Sie sind gewissermaßen ein Gegenbild des realen Lebens. Und jene dunkle, unsympathische Gestalt ist der Träumende selbst, zumindest ein Zug seiner Existenz, die Dunkelseite, die im Traum eine menschliche Gestalt annimmt. Jung sagt von ihr:

„Die Figur des Schattens personifiziert alles, was das Subjekt nicht anerkennt und was sich ihm doch immer wieder – direkt oder indirekt – aufdrängt, also zum Beispiel minderwertige Charakterzüge und sonstige unvereinbare Tendenzen."

Manchmal kann der Schatten für eine gewisse Zeit die Oberhand gewinnen. Man tut dann das, dessen man sich im Zustand des klaren Tagesbewußtseins schämt. Lassen wir einmal beiseite, daß es Menschenschicksale gibt, die ihren Schatten voll ausleben, indem sie die überkommenen gesellschaftlichen oder moralischen Normen mißachten und daher der allgemeinen Ächtung anheimfallen. Die Literatur kennt solche Schattenfiguren. Es müssen gar nicht immer die vielzitierten Negativ-Helden im Krimi sein, die merkwürdigerweise überaus attraktiv wirken, wie der allgemeine Krimi-Konsum zeigt.

Für die Frage nach dem Prozeß der Selbst-Werdung ist noch ein anderer Tatbestand beachtenswert, nämlich der, daß wir unsere eigene Negativität oder Schattenhaftigkeit auf unsere Mitwelt projizieren. Das tun vor allem solche Menschen, die ihr Ich als die Gesamtheit ihrer Psyche betrachten, jedoch nicht wissen oder nicht wahrhaben wollen, was alles außer ihrem Ich noch zum Grundbestand ihrer Seele gehört. Das sind jene, die immer im Recht zu sein meinen, die sich immer für tadellos, ja oft für großartig halten, dagegen von ihrer gesamten Umgebung meinen, sie sei böse, schwierig und sie sei die Quelle aller Unannehmlichkeit. Oder um es mit dem Evangelium zu sagen: Wir suchen nach dem Splitter im Auge des Bruders, den Balken im eigenen Auge sehen wir nicht.

Und gerade darum geht es an diesem Punkt des Individuationsprozesses, daß man sich seines Schattens bewußt wird und ihn integriert, d. h. als zur psychischen Ganzheit hinzugehörig anerkennt. Das ist deshalb so unbequem, weil sich unsere Schattenhaftigkeit immer dann manifestiert, wenn wir von einer Emotion überwältigt werden, wenn wir nörgeln, ungeduldig, hyperkritisch u. ä. reagieren, etwa indem wir an anderen keinen guten Faden lassen. Oft pflegen wir hierbei die empfundenen Schwierigkeiten auf andere zu „schieben". Übrigens ein recht exakter Ausdruck für einen psychischen Sachverhalt. Die Tiefenpsychologie spricht von „Projektion", d. h. unbewußterweise projizieren wir die eigene Schattenhaftigkeit, die wir ja an uns selbst nicht wahrnehmen, auf andere in unserer Umgebung. Hier ist ein Schritt zur Selbsterkenntnis zu tun, indem man derartige Schattenprojektionen zurücknimmt. Man muß unterscheiden lernen, ob ein tatsächlicher Mißstand besteht oder ob wir eigene Negativität auf andere „schieben“.

Das Seelenbild – Anima und Animus

Wir wollen uns noch mit einer anderen Erscheinungsweise des Individuationsprozesses bekannt machen, nämlich mit jener, in der es zu einer Konfrontation des Männlichen und des Weiblichen kommt. Es könnte eingewandt werden, daß das Bewußtsein von der Verschiedenheit der Geschlechter sehr früh einsetzt und daß die entscheidenden Begegnungen zwischen Mann und Frau lange *vor* der Lebensmitte liegen. Beides steht natürlich außer Frage. Es darf vielmehr vorausgesetzt werden, daß man um die Lebensmitte einen Partner hat, den man schon seit vielen Jahren der Gemeinsamkeit gründlich kennt.

Zweifellos ist die konkrete, die leibhafte Begegnung zwischen Mann und Frau an sich schon ein wesentlicher Faktor menschlicher Reifung. Aber die zwischenmenschliche Beziehung ist das eine. Die Beziehung zum anderen Inbild oder Seelenbild ist das andere. Man kann überzeugt sein, seinen Lebenspartner recht gut zu verstehen. Eine andere Frage ist die, wie weit die Selbsterkenntnis reicht, die ihrerseits wiederum für alles Tun und Lassen, auch in der Ich-Du-Beziehung von Bedeutung ist.

Ganz persönlich muß man sich klarmachen, was allgemein bekannt ist: Kein Mann ist nur männlich, und keine Frau trägt nur weibliche Züge. Ein wichtiges Forschungsresultat der analytischen bzw. archetypischen Psychologie besteht darin, daß im Unbewußten des Mannes ein weibliches Seelenbild veranlagt ist. Jung nennt es die *Anima.* Die Frau ist andererseits in ihrem Unbewußten durch ein männlich geprägtes Seelenbild, den *Animus,* bestimmt. Gemeint sind männliche Eigenschaften oder Qualitäten bei der Frau und weibliche beim Mann. Emma Jung, die sich mit der Problematik eingehend beschäftigt hat, bemerkt hierzu:

„Der Charakter dieser beiden Figuren – Anima und Animus – wird nicht allein bestimmt durch die jeweilige andersgeschlechtliche Anlage, sondern er wird noch mitbedingt durch die Erfahrungen, die jeder im Verlauf seines Lebens mit Vertretern des anderen Geschlechts macht, und durch das ererbte kollektive Bild, das der Mann von der Frau und die Frau vom Manne in sich trägt. Diese drei Faktoren verdichten sich zu einer Größe, welche weder nur Bild noch nur Erfahrung ist, sondern vielmehr eine Art von Wesenheit, deren Wirken sich nicht den übrigen seelischen Funktionen organisch einordnet, sondern die sich eigengesetzlich verhält und wie etwas Fremdes bisweilen hilfreich, bisweilen aber auch störend, wenn nicht gar zerstörend, in das individuelle Leben eingreift. Man hat daher alle Ursache, sich mit diesen Größen zu beschäftigen und über deren Wirkungsweise klar zu werden."[20]

Der Unterschied zwischen dem Schatten und der Anima bzw. dem Animus besteht zunächst darin, daß Schattenfiguren im Traum gleichgeschlechtliche Züge tragen. Die Schattengestalten beim Mann sind demnach männliche Wesen, bei der Frau weibliche. Dagegen pflegen sich die Ausgestaltungen des Seelenbildes gegengeschlechtlich zu manifestieren, eben als Anima beim Mann und als Animus bei der Frau. Dabei ist es völlig offen, ob das jeweilige Seelenbild positive oder negative Charakterzüge an sich hat, ob z. B. die Anima eher einer guten oder einer bösen Fee ähnelt. Wichtig ist allein, daß dieses fremdartige, weil ebenfalls unbewußte Seelenbild als zur eigenen Person gehörig erfahren wird. Wir suchen uns das

Dante begegnet Beatrice, Florenz

Die Beatrice in Dantes „Göttlicher Komödie" fungiert als Mittlerin zwischen dem Mann und seinem Unbewußten. Dante vertraut seiner Führerin nach innen, die ihm die Botschaften seines Selbst übermittelt und seinen Individuationsprozeß fördert.

Gemeinte durch ein Traumbeispiel eines etwa vierzigjährigen Mannes zu veranschaulichen:

„Ich bin an einem riesigen Tor mit zwei Seiteneingängen und einem mittleren Eingang. Wenn ich mich den beiden Seiteneingängen nähere oder sie zu öffnen versuche, leuchtet eine rote Warnlampe auf. Das mittlere Tor öffnet sich aber ohne weiteres. Meine Familie und sogar meine Eltern gehen hindurch. Anschließend lebe ich mit meiner Frau in einem Häuschen draußen auf dem Lande. In der Nähe befindet sich ein Rebberg, und dort wohnt eine junge hübsche Frau, die einer mir bekannten Bauerntochter gleicht. Wir zwei verlieben uns ineinander. Meine Frau ist zunächst sehr eifersüchtig und abweisend. Dann aber bewertet sie die ganze Situation nur als Störung. Zum jungen Mädchen wie zu meiner Frau sage ich: Bleibe mir treu!"

Angemerkt sei, daß das Geschilderte dem Träumer nur dann etwas sagt, wenn er das dramatische Bild mit seinen spontanen Einfällen beantwortet, wenn er auch seine Gefühle und Empfindungen sprechen läßt und den Trauminhalt mit seiner jeweiligen konkreten Alltagssituation in Beziehung setzt. Hier können wir uns auf das Motiv der Anima als solcher beschränken.

Da mag man vorweg an die drei Tempel von Sarastros Reich in der „Zauberflöte" erinnern. Tamino versucht in die beiden seitlichen, gegensätzlichen Tempel der Natur und der Vernunft einzudringen, doch von beiden Seiten ertönt die Drohung: „Zurück!" Aus dem Tempel der Mitte, es ist der Tempel der Weisheit, tritt ein Priester heraus. Dieses doppelte „Zurück!" wird in unserem Traum durch die beiden roten Warnlampen symbolisiert. Jürg Wunderli, der Berichterstatter, erläutert:

„Es gilt, sowohl die naturhaft-materielle als auch die vernünftig-geistige Einseitigkeit zu vermeiden. Erst die gleichmäßige Berücksichtigung beider Aspekte, der Natur und des Geistes, öffnet das Tor zum mittleren Weg in der Vereinigung der Gegensätze."[21]

Keine Frage, es ist das Motiv der Ganzwerdung und somit das der Selbst-Verwirklichung, das im Mittelpunkt des Traumerlebens steht. Schließlich erinnert der Analytiker an den sogenannten „mittleren Weg" des Gautama Buddha. Es ist der Weg, der sowohl die primitive Sinnenfreude als auch eine einseitige, naturferne Herrschaft der Ratio (also nicht des „Geistes" im strengen Sinn des Wortes) ablehnt. Denn beide Extreme sind zu vermeiden. Wahrheit und Weisheit liegen in der Mitte.

Anschließend begegnet der Träumer seiner Anima. Ob die im Traum auftauchende Figur der Ehefrau auch als ein Seelenbild verstanden werden soll, darf einmal dahingestellt bleiben. Sicher trifft dies auf die faszinierende junge Frau zu, die zunächst als Konkurrentin der Gattin empfunden wird. Dahingestellt lassen wir auch, ob bei dem Betreffenden das Anima-Bild auf jene konkrete Frau projiziert wird, der die Anima des Traums ähnlich sieht. Die entscheidende Frage ist vielmehr, ob es dem Träumer gelingt, die Bedeutsamkeit seines Seelenbildes zu erfassen, denn:

„Je mehr der Mann auch seine Gegengeschlechtlichkeit entwickelt, sich ihrer bewußt wird und sie damit realisiert, desto mehr schreitet er auf dem Weg zur Ganzheit voran und entfernt sich von einer einseitigen Verwirklichung, die gerade darum keine Selbst-Verwirklichung sein kann. – Andererseits bleibt eine unbewußte und verdrängte Gegengeschlechtlichkeit primitiv und undifferenziert. Männer, die in der Öffentlichkeit und im Berufsleben stark wirken, können privat eine bedenkliche Labilität ihrer Gefühle zeigen. Sie wirken launisch, emotional unbeherrscht und daneben peinlich sentimental. Auch Eifersüchteleien, giftiges Wesen, übertriebene Empfindlichkeit, Reizbarkeit und Ressentiments verraten, daß solche Männer ihren Affekten mehr oder weniger hilflos ausgesetzt sind. Ihr Gefühlsleben ist undiszipliniert und kann sachliche, vernünftige Überlegungen zunichte machen."[22]

Weiteres Wachstum der Psyche

Kehren wir nochmals zu dem erwähnten Traumbeispiel zurück: Die junge Frau, in die sich der Träumer verliebt hat, verweist durch ihre Jugendlichkeit und Frische darauf, daß die Anima des Betreffenden noch nicht voll ausgereift und daher zu weiterem Wachstum befähigt ist. Ist der Altersunterschied zwischen dem realen Lebensalter des Träumers und der Anima-Figur seiner Träume besonders groß, dann deutet das darauf hin, daß ein besonderes hohes Maß an innerer Reifung nötig ist. Der positive Aspekt ergibt sich, wie gesagt, daraus, daß der Mensch innerlich noch wachsen kann. In unserem Fall wird das Motiv des Wachstums und der Fruchtbarkeit durch den Weinberg symbolisiert. Dort wohnt ja die junge Frau.

Nun muß aber auch diese Metapher des Erdnahen, Mütterlichen übersetzt werden. Denn eben das hat der Mensch der Lebensmitte zu lernen, daß die Grenzen des biologischen Wachstums überschritten sind. Wenn dennoch derartige Bilder in Gestalt von Träumen ins Bewußtsein drängen, so dürfen sie nicht mit bloßen Sehnsüchten nach der Welt von gestern verwechselt werden. Vielmehr äußert sich in dem jugendlichen Anima-Bild das Verjüngungs- und Erneuerungsprinzip als Ausdruck innerer Wandlung. Aus dem gleichen Grund wäre es trügerisch und illusionär, wollte man – wie es immer wieder geschieht – das Seelenbild auf eine äußere Anima- oder auch Animus-Gestalt projizieren, ohne sich des Projektionscharakters voll bewußt zu werden. Mit anderen Worten: Eine erotische Begegnung in der zweiten Lebenshälfte ist immer auch unter dem Gesichtspunkt der Persönlichkeitsreifung zu sehen bzw. zu bewerten. Wenn der Träumende sowohl seiner Frau als auch jener Geliebten (in unserem Beispiel) sagt: „Bleib mir treu!“, ist dann vielleicht ein doppelter Besitzanspruch zum Ausdruck gebracht? – Eine solche Deutung läge nahe, handelte es sich um einen äußerlich realen Vorgang. Indessen spricht hier das Unbewußte in symbolischer Sprache. Danach ist es durchaus in Ordnung, seinem Seelenbild mit all seinen Bedürfnissen und Ansprüchen jene Treue zu halten, die man dem Ehepartner schuldet. Mit anderen Worten: Die äußere Beziehung ist mit der Beziehung zum eigenen Selbst verknüpft. Unwillkürlich denkt man an das Jesus-Wort: „Du sollst deinen Nächsten lieben wie dich selbst!“ Das heißt doch, daß diese Liebe und Treue zum eigenen Seeleninneren vorausgesetzt ist, wo diese Liebe zum Nächsten gefordert wird. Und das will wiederum besagen, daß die eigene Seele beansprucht, ernstgenommen zu werden. Oder anders gesagt: Sie nimmt es nicht stillschweigend hin, wenn das Ich (als empirisches Ego verstanden) in jedem Fall die Oberhand gewinnen will, etwa durch einseitiges Zweckdenken, durch Besserwisserei, Sensationslust oder Arbeitswut und was derlei Fehlhaltungen mehr sein mögen. Auch Gefühl und Intuition verlangen ihr Recht. Was beim Mann als unmännlich und bei der Frau im allgemeinen als unweiblich hingestellt wird, sind nicht selten jene Elemente, deren wir um unserer seelischen Reifung willen mehr bedürfen, als wir zumeist ahnen.

An dieser Stelle unserer Betrachtung angelangt, beziehen wir das biblische Zeugnis ein. Das geschieht mit der Frage, inwiefern Jesus selbst, der Christus Jesus der Evangelien, als Leitbild für eine Spiritualität der Lebenswende gelten kann. C. G. Jung hat hierfür einen wichtigen Hinweis gegeben, der zumindest ansatzweise genutzt werden soll. Er sagt: „Das Drama des archetypischen Christuslebens beschreibt in symbolischen Bildern die Ereignisse im bewußten und im bewußtseinstranszendenten Leben des Menschen, der von einem höheren Schicksal gewandelt wird."[23] Damit ist die Anregung gegeben, das Evangelium nicht allein als ein religiöses Dokument zu lesen, das auf historischen Bezügen basiert, sondern von daher ein Licht auf den eigenen Lebensgang fallen zu lassen.

Jesus, der Mensch in der Lebensmitte

Wie muß oder wie kann eine Spiritualität aussehen, die der Mensch der Lebensmitte und des Lebensnachmittags benötigt? Worin besteht hier der spezielle Beitrag des Christentums?

Um es vorweg zu sagen: Niemand wird leugnen, daß die kirchliche Verkündigung und ihr gesellschaftlich-diakonisches Engagement Unverzichtbares geleistet hat und auch künftig leisten wird. Daran schließt sich aber sogleich die Feststellung an: Es sind Defizite aufgetreten, die von immer mehr Menschen schmerzlich empfunden werden. Leerräume sind entstanden, ein geistig-seelisches Vakuum, das durch keine der bekannten Aktivitäten verhindert wurde. Sollte dem Evangelium ein Sensorium für die menschliche Situation zur Zeit der Lebensmitte fehlen?

Bisweilen sind es wie beiläufig gemachte biblische Orts- oder Zeitangaben, die es verdienen, genauer beachtet zu werden, als es gemeinhin geschieht. Da heißt es von Jesus von Nazareth beispielsweise: „Als Jesus begann (d. h. als er öffentlich auftrat), war er ungefähr dreißig Jahre alt" (Luk. 3,23).

Offensichtlich handelt es sich nicht bzw. nicht allein um eine biografische Mitteilung. Diese Altersangabe ist bereits durch die Tradition geprägt: Jakobs Sohn Joseph war gerade dreißig Jahre alt, als er mit seiner Wirksamkeit in Ägypten begann. So alt war David, als er die Salbung zum König empfing, oder Hesekiel, als er zum Prophet berufen wurde. Zwischen dreißig und fünfzig Jahre sollten die israelischen Priester sein, die im Offenbarungszelt Dienst taten (Num. 4,3). Und wenn die rabbinische Angabe, Jesus sei 33 Jahre alt geworden, als „historisch wertlos“ angesehen wird[24], so wird die darin enthaltene symbolische Aussage davon nicht beeinträchtigt.

Die Taufe des Nazareners und der Augenblick seines öffentlichen Auftretens erfolgt, als er seine Jugendzeit absolviert hat und sein eigentliches Leben jetzt erst beginnt.

Auf eine offensichtliche Diskrepanz macht der Evangelist Lukas im gleichen Zusammenhang aufmerksam, wenn er das Geschlechtsregister folgen läßt und sagt: „Man sah ihn an als einen Sohn des Joseph, des Eli, des Matthat...“ Und dann folgen die Generationen, die bis zu Adam, dem Urbild des Menschen und der Menschheit, zurückreichen. Diese Zugehörigkeit zu Familie und Sippe kontrastiert jedoch zu der anderen, entscheidenden Mitteilung des Evangelisten, daß der Abkömmling einer langen Geschlechterfolge „vom Geist“ geführt wird und „in des Geistes Kraft“ seinen Menschheitsdienst antritt. Ein Menschheitsdienst – nämlich als der „Menschensohn“ – steht im Gegensatz zu einer Verpflichtung, wie sie durch die Blutsbindung geboten ist und von seiner Familie erwartet wird. Zweierlei Impulse stoßen somit aufeinander, der von unten und der „von oben“, der aus dem Geistbereich heraus kommt (gemäß Joh. 3,3: Ihr müßt aus Wasser *und Geist* geboren werden).

Diese beiden Tendenzen sind es, die von der Lebensmitte an immer deutlicher empfunden werden. In uns liegen sie im Widerstreit. Eine Persönlichkeitskrise kündigt sich an. Von Jesus berichten die Evangelisten die dreifache Versuchung in der Wüste. Markus läßt eine gewaltsame Nötigung erkennen, wenn er schreibt: „Der Geist stürzte (griech.: ekbállei) ihn in die Wüste“ (Mark. 1,12).

Zur Symbolik der Altersangabe tritt die der Ortsangabe hinzu. Weiß die Tradition, daß die Wüste die Stätte der Dämonen ist, aber auch der Ort der Gottesoffenbarung sein kann, so bezeichnet „Wüste“ unter dem psychologisch-menschenkundlichen Aspekt die Tatsache des auf sich selbst Gestelltseins und der *Selbstkonfrontation.* Wer in die Wüste oder an einen wüsten Ort geht, der kommt zu sich, sofern er sich in Gebet und Meditation an den „Vater“, sein wahres Selbst, wendet. Der durch die Taufe in seine Sendung Initiierte muß sich fragen, wer er selbst ist. Die Umgebung sieht in Jesus nur den Nazarener, dessen Abstammung „man“ kennt. Sein wahres Selbst aber ist nicht „von unten her“ bestimmbar. Die Selbst-Prüfung ist nun das Gebot der Stunde. Wer sie zu bestehen hat, ist ganz auf sich selbst gestellt.

Aus den Untergründen der eigenen Seele taucht nun der Versucher auf – „Satanas“, der Widersacher (bei Markus), „Diabolos“, der Verleumder (bei Lukas), in jedem Fall eine Schattenfigur besonderer Art. Die gefährdete Situation des Menschen zwischen Tier und Engel (vgl. Mark. 1, 31) ist gegeben, gefährdet durch das Unter- und durch das Übermenschliche, die Situation eines Bedrohtseins von beiden Seiten her. Und das geschieht, wenn Allmachtswahn, Illusion und Irritation an den Menschen herantreten, die auf der Höhe seines Lebensmittags ihre vermeintlichen Trümpfe auszuspielen suchen: Zunächst aus dem Evangelienbericht (Luk. 4):

„Der Teufel sprach zu Jesus: Bist du Gottes Sohn, so sprich zu diesem Stein, daß er Brot werde ... Und er führte ihn auf einen hohen Berg und zeigte ihm alle Reiche der Welt in einem Augenblick und sprach zu ihm: Alle diese Macht will ich dir geben, wenn du mich anbeten willst ... Und er führte ihn nach Jerusalem und stellte ihn auf des Tempels Zinne und sprach zu ihm: Bist du Gottes Sohn, so wirf dich von hier hinunter ...“ Und nun auf den Menschen bezogen, in dem das Versucherische spricht:

☆ Ihn hungert danach, aus Steinen Brot zu machen – der Machbarkeitswahn droht ihn zu übermannen.
☆ Macht und Herrlichkeit der Welt spielen ihre Reize aus – er neigt zum Kniefall vor dem äußeren Schein.

☆ Ein fragwürdiges Selbstvertrauen gaukelt ihm ungeahnte Möglichkeiten vor – stellt unsere Devise „selbst ist der Mann“ nicht ebenfalls eine überaus verführerische, weil mißdeutbare Devise dar?

Die dreifache Verführung des Ich auf der Höhe seiner Entwicklung verheißt ein trügerisches (Schein-) Selbst, eine sogenannte „Selbst-Verwirklichung“, die bei Lichte besehen aber einer Aufblähung des sich bald unter- bald überschätzenden Ego entspricht, einer psychischen Inflation. Der Mensch der Lebensmitte aber ist nicht der unbegrenzt aktive Macher. Er ist einer bzw. soll einer sein, der bereit ist, Verzicht zu leisten, Opfer zu bringen und gleichzeitig eine neue Zuversicht einzuüben. Wie denkwürdig, daß der „wundertätige“ Menschensohn der dreifachen Versuchung gerade dadurch standhält, daß er auf vordergründige „Wunder“ verzichtet. Daher ist auch aller „fromme“ Mirakelglaube biblizistischer Bibellese nur eine andere Form des Aberglaubens.

Der Mensch der Lebensmitte legt jetzt den Schwerpunkt seines Tuns von außen nach innen. Was im bisherigen Leben Gleichgültigkeit gehabt hat, die betont extraversive Lebenseinstellung, sie wird zwar nicht etwa mit einem Schlag „falsch“ oder wertlos. Aber sie bedarf einer Vervollständigung durch die innere Dimension.

Was damit konkret gemeint sein kann, drückt das Evangelium in symbolischen Bildern und Szenerien aus. Was liegt näher, als das Leben Jesu einmal unter dem Blickpunkt eines Menschen zu betrachten, der in den Prozeß der Lebenswende hineingeht, und zwar nicht aus Lebensverachtung oder Weltflucht, sondern um einen Zugewinn an wahrem Leben zu empfangen? Ohne daß man diese Bilder verkrampft in ein psychologisches Schema preßt, beginnen sie für den zu sprechen, der seinen eigenen Lebensgang im Spiel der Evangelienerzählung anschauen lernt, ähnlich wie man einen prägnanten Traum oder ein mit Lebensweisheit erfülltes Märchenbild auf sich wirken läßt. Die Frage, was diese Figur oder jenes Motiv bedeute, kann Nebensache bleiben. Solche Neugierde stört nur. Was einem gesagt werden soll, das *sagt sich selbst.* Es ähnelt einem Akt der Inspiration, bei der uns etwas „aufgeht" und „einleuchtet", das wert ist, wie ein Geschenk empfangen zu werden.

„Ich bin"

Entdecken wir einmal auch diesen Wesenszug an der Jesus-Gestalt, daß er der Mensch ist, der sich seiner Aufgabe in der Lebensmitte stellt, dann fügt es sich, wenn man sieht, welche außerordentliche Wirkung von dem Mann aus Nazareth ausgeht.

Während ihn seine Blutsverwandten, die eigene Mutter und die Geschwister für verrückt erklären (Mark. 3, 21), während ihn die Autoritäten seines Volkes und die Leuchten von Frömmigkeit und Gelehrsamkeit verketzern, geht er seinen eigentümlichen Pfad. Den breiten Weg der vielen meidet er. Er gehört nicht länger ins Kollektiv dieser vielen, die „keinen Hirten" haben oder jener, die „blinde Blindenleiter" sind, weil sie den Schlüssel der Erkenntnis an sich gerissen haben. Seine Trennung von Elternhaus und Sippe wirkt geradezu ansteckend, wenn man sieht, wie die Fischer vom See ihre Netze verlassen und noch einmal von vorne beginnen, gewissermaßen nach dem Duktus der Lebensmitte, auch wenn wir über das Lebensalter dieser Jünger keine Angaben erhalten.

Das Leben des Jesus von Nazareth verläuft nun nach ganz anderen Gesetzmäßigkeiten. Er selbst ist um jener „Verirrten vom Hause Israel" willen zum Hirten geworden, der aus seinem Christus-Sein (im Sinne der johanneischen Ich-bin-Worte) wirkt: lehrend, heilend, wegbereitend. Er ist sich nicht zu schade, der Zöllner und der Sünder Geselle zu werden, Genosse der politischen Kollaborateure, der kultisch und der moralisch Diffamierten, nicht zuletzt der patriarchalisch unterdrückten Frauen ... Das Christus-Ich, d. h. sein wahres Selbst, das Verbundensein mit dem Vater, ist die neue Instanz seines Lebens und Tuns. Aus ihr schöpft er die Vollmacht (griech.: dýnamis), die andere an ihm wahrnehmen. Furchtlosigkeit beseelt ihn, daß er mit letzter Konsequenz den Weg zum Kreuz gehen kann, in seinem Sterben das neue Leben zu erlangen, – für sich und damit für andere.

Dennoch wird uns im Evangelium weder ein erdabgehobener Kultheros gezeichnet, noch ein spiritualistisch verfremdeter „Heiliger", dem alles Menschliche fremd zu sein scheint: Der Freund der geringen Leute, der mitleidige Helfer, der Frauen Verständnis entgegenbringt, der die Kinder liebt, – er kann auch zornig sein, Heuchler entlarven und allzu Geschäftstüchtige aus dem Tempel vertreiben. Der anderen großen Versuchung, auf dem Berg der Verklärung gewissermaßen aus dem Zustand spiritueller Erleuchtung heraus „zum Vater" zu gehen, widersteht er. Auch läßt er sich keine Zelte bauen, wie etwa Petrus vorschlägt, sondern entschlossen geht er „hinauf nach Jerusalem", zum Kreuz. All das läßt den „Sohn des Menschen" der Prototyp des Menschen sein, der die „Kehre" (metánoia) vollzieht, zu der er andere aufgefordert hat. – Wie nahm er andere in diesen Prozeß hinein, wenn er mit ihnen darüber sprach? Wie hat sein Evangelist Johannes sein und unser Thema aufgenommen? – Ehe davon in den nächsten beiden Kapiteln die Rede sein wird, werfen wir noch einen Blick auf Menschen, die offensichtlich in der Mitte ihres Lebens von dem Christus angesprochen worden sind.

Wenn Jesus von Nazareth als Prototyp eines Menschen der Lebensmitte gelten kann, dann ist es verständlich, daß er – wie schon Johannes der Täufer – Männer und Frauen um sich geschart hat, die bereit waren, die Umkehr zu vollziehen bzw. die Wandlung an sich vollziehen zu lassen. Grundsätzlich sind es „Herausgerufene", also Menschen, die schon einige Jahrzehnte ihres Lebens hinter sich haben, deren Leben aber in irgendeiner Weise in die Irre ging oder stagnierte. Exemplarische Gestalten stellen uns die Evangelisten vor. Weil sie jedem Bibelleser bekannt sind, genügen einige knappe Hinweise:

Da sind die bereits erwähnten Fischer vom See Genezareth. Jesus geht vorüber, sieht sie ihre Netze flicken und fordert sie auf, ihm nachzufolgen. Tatsächlich verlassen sie das Flickwerk ihres bisherigen Berufs, geben selbst ihre Familie auf und schließen sich ihm an. Levi-Matthäus saß bislang am Zoll, ein Jude, der für die Römer Abgaben einforderte, daher von seinen Volksgenossen als Kollaborateur der gehaßten Besatzungsmacht gescholten. Er vollzieht die doppelte Kehre, die Abkehr vom Bisherigen und die Hinkehr zur Zukunft.

Frauen sind da, die auf ihre Weise einen Neuanfang wagen, für sie in einer patriarchalischen Gesellschaft mit besonderen Schwierigkeiten verbunden. An ihrer Spitze, neben Mutter Maria, jene Maria aus Magdala. Ergänzen wir die neutestamentlichen Berichte durch außerbiblisch-gnostische Zeugnisse, dann muß die (mystische?) Liebesbeziehung zwischen ihr und Jesus recht eng gewesen sein, nachdem er „sieben Dämonen" aus ihr ausgetrieben hat. Sie ist die erste Zeugin der Auferstehung des Christus. Sie steht in einer Schar von Frauen, die es gewagt haben, ihren Mann zu verlassen, Jesus zu begleiten und ihn aus ihrem Eigentum zu unterstützen (Luk. 8,2 f.). Welch eine

„Wende“ in einer von Männern beherrschten Gesellschaft!

Da ist schließlich, um ein besonders wichtiges Beispiel zu nennen, Paulus. Der junge Saul, zunächst ein glühender Verfolger der allerersten Christenschar in Jerusalem, ist noch zu jung, um sich an der Steinigung des Stephanus (Apg. 8) zu beteiligen, d. h. er hat zu diesem Zeitpunkt das 30. Lebensjahr noch nicht vollendet. Noch nicht ganz abgeschlossen ist seine erste Lebenshälfte. Die entscheidende Wende in der Stunde von Damaskus steht ihm noch bevor. Mancherlei spricht dafür, daß der ehemalige fanatische Gegner der Jesus-Gemeinde zu diesem Zeitpunkt etwa so alt ist wie Jesus, als er mit seiner öffentlichen Wirksamkeit begann. Kein Wunder, wenn gerade diesem Apostel außerhalb der Jüngerschar des Jesus von Nazareth das Thema des neuen Menschen so wichtig geworden ist. Auf einen Nenner gebracht lassen sich seine vielen Aussagen über dieses Menschenbild der Wandlung so zusammenfassen: Wer in dem Christus ist, der ist eine neue Schöpfung. Das In-Christus-Sein ist die neue Kategorie des Menschseins schlechthin. Eine Angelegenheit für Anfänger ist das nicht, deren Sinn immer noch nach kindlicher Speise steht. Deshalb sein stetiger Appell an die Gereiften und die durch Christus Befreiten, die sich nicht länger in das knechtische Joch zwingen lassen sollen (Gal. 5).

Zwei Gespräche: Nikodemus und die Samariterin

„Was ist herrlicher als Gold? fragte der König. – Das Licht, antwortete die Schlange. – Was ist erquicklicher als Licht? fragte jener. – Das Gespräch, antwortete diese."

Dieser kurze Wortwechsel findet sich in Goethes symbolhaltigen „Märchen". Wer Mal um Mal das Geschenk des Gesprächs empfängt und auch gewährt, der achtet auf den Augenblick, in dem echtes Gespräch geschieht. Das Evangelium hat mehrfach solche Gesprächssituationen festgehalten, bei denen Menschen Aug in Aug Jesus als dem Christus begegnet sind. Ort und Zeit sind verschieden. Ort und Zeit sprechen aber auch je ihre eigentümliche Sprache, etwa im geschlossenen Raum in der Stille der Nacht, oder auf der Höhe des Tages unter der Sonne Samarias. Beginnen wir mit dem

Nachtgespräch des Nikodemus

Er, ein Pharisäer, ein oberster der Juden, ein Meister altjüdischer Gottesweisheit, kommt zu Jesus „bei Nacht" (Joh. 3,1 ff.). Warum nicht am lichten Tag? Warum nicht in aller Öffentlichkeit? Hat Nikodemus auf seine Stellung oder auf andere Personen Rücksicht zu nehmen? – Ausleger und Prediger erörterten diese Frage immer wieder. Viele wußten darauf eine Antwort, ihre Antwort. Aber was wiegt dieses Wissen? Vor allem, wenn auf etwaige Ängstlichkeit oder gar Unaufrichtigkeit des Nikodemus angespielt werden sollte?

Für den Rabbi ist die Nacht die Zeit des hingebungsvollen Thorastudiums. Nachts lauscht er der Stimme der Väter. Kommt doch der Glaube nicht aus der Diskussion, auch nicht aus der Predigt, sondern aus dem Hören (Röm. 10,17), dem Achthaben und Innewerden. Da ist die Empfänglichkeit, die weibliche Grundtugend der Seele angesprochen. Es ist immerhin beachtenswert, daß der Evangelist, wenn er an anderer Stelle wieder auf Nikodemus zu sprechen kommt (Kap. 7, 50 und 19, 39), noch zweimal ausdrücklich betont: Das ist derselbe Nikodemus, der „bei der Nacht" zu Jesus kam. Offenbar geht es um mehr als um eine vordergründige Zeitangabe.

„Nacht ist es, nun reden lauter alle springenden Brunnen. Auch meine Seele ist ein springender Brunnen ...", heißt es im Nachtlied des „Seelenerraters" Friedrich Nietzsche. Der mit „daß"-Sätzen sich begnügenden Bewußtseins-Theologie scheint der Bereich der „Nacht" verschlossen geblieben zu sein. Schließlich kommt in der Nacht eine andere Bewußtseinsart zur Geltung. Sollte es denn nur eine romantisierende Attitüde sein, mit Novalis „Hymnen an die Nacht" anzustimmen?

Kein Zweifel, die nächtliche Tiefe hat andere Bewußtseins-Dimensionen als die Höhe des Mittags. Und dem, der in der Thora forscht, haben nicht nur die Texte und Kommentare einer fernen Vergangenheit etwas zu sagen, sondern auch aus den Untergründen der Seele dringen Bilder und Stimmen an den Menschen heran, eben nicht nur „Texte", sondern eine lebendige Stimme (viva vox), „das Wort in den Wörtern". Es gibt nicht nur eine Tradition in der historischen Horizontalen; es gibt vor allem eine überaus lebendige Tradition in der Vertikalen, eben den spontanen, „springenden Brunnen" der geistoffenen Menschenseele. Das Unbewußte redet mit. „Gottes vergessene Sprache", die von Urbildern und Symbolgestalten durchsetzten Träume werden in der Nacht laut. Die Scheu ist allerdings groß, sich in dieser immer noch mehr oder minder vernehmbaren Sprache anreden zu lassen.

Das „aufgeklärte“ Tagesbewußtsein stellt sich dazwischen mit seinen Einwänden und Argumenten, mit seinem „Wissen“, insbesondere mit dem allemal so anspruchsvollen theologischen Sachverstand.

Auch Nikodemus hat mit einem solchen Wissen aufzuwarten: „Wir wissen, daß...“ Als Theologe weiß er, wie Jesu Wirksamkeit von den Hütern der offiziellen Synagogen-Theologie eingeschätzt wird und welches Gewicht man dem Reden und Tun des Nazareners beimißt. Daß aus ihm der Christus spricht, kann das alltägliche Gegenstandsbewußtsein nicht „wissen“. Die „Nacht“, in der Nikodemus den „von Gott gekommenen Lehrer“ aufsucht, aber hat qualitativ andere Möglichkeiten als eine Disputation im Kreis von gelehrten Rabbinern. Dieses Wissen ist durch diskursives Denken, durch theologische Dialektik bestimmt. Jesus geht darauf jetzt nicht ein. Die Intimität des Nachtgesprächs gestattet indes eine Mitteilung, die nicht durch eine im Abstrakten bleibende Diskussion in Frage gestellt werden soll. Aber wie?

An die Stelle eines theologischen Wissens hat eine religiöse Erfahrung zu treten, allenfalls ein durch Erfahrung gestütztes Wissen. „Neugeburt, Wiedergeburt“ lautet das Thema, das Jesus anschlägt. Die griechische Vokabel „ánothen“, von Luther mit „von neuem“ übersetzt, heißt eigentlich „von oben her“, „von vorne her“, ein akausales Geschehen also, ein „un-bedingtes“ Ereignis, das den Menschen zutiefst betrifft und das seinerseits Bedingung ist zu einer Wahrnehmung höherer Ordnung, denn wer nicht von neuem, insbesondere von oben her geboren ist, der kann „das Reich Gottes nicht sehen“.

Der Dialog zwischen Jesus und Nikodemus erfährt mit einem Mal eine ganz andere Wendung als der „Besucher“ geahnt haben wird. Vor allem erfolgt das Gespräch auf einer anderen Ebene. An die Stelle der rationalen Argumentation über theologische Gehalte, Traditionen und

Lehrmeinungen anderer tritt Verwandlung, die Bewußtwerdung eines Vorgangs, das den Menschen von der Mitte seines Personseins her neu werden läßt.

Zweimal spricht Jesus von dieser Wiedergeburt, beide Male feierlich, beinahe beschwörend eingeleitet durch das doppelte „Amen, amen – wahrlich, wahrlich!" Die qualitative Steigerung ist unverkennbar. Erst wird gesagt: Nur der Wiedergeborene kann das Reich Gottes *sehen;* dann: Nur der Wiedergeborene kann in das Reich Gottes *gelangen.* Erst wird die Möglichkeit eines schauenden Bewußtseins in Aussicht gestellt; „Sehen" drückt die Stufe der Imagination, also einer ahnungsvollen inneren Bildwahrnehmung aus. Das andere Mal ist die Stufe der Intuition angesprochen, eben die des erfahrenden Eintretens in dieses „Reich". Demnach kommt es hier auf ein inneres Fortschreiten an, erkennend und dann auch realisierend.

Wer nur über die Urteilsgrundlagen einer wisserischen Gelehrsamkeit verfügt, der muß mit Nikodemus verwundert fragen: Wie mag das zugehen? Wie läßt sich Wiedergeburt ins Werk setzen; – zweierlei Wissen, zweierlei Weisheits-Träger stehen einander gegenüber: Hier ein Wissen, das – als der vom Himmel herabgestiegene Menschensohn – vom Himmel gekommen ist; dort ein Wissen – verkörpert durch das fassungslose Staunen des gelehrten Nikodemus – das jedoch nicht einmal ausreicht, die Rätsel des Irdischen zu durchdringen, wieviel weniger die Mysterien höherer Seinsordnungen, die sich bestenfalls gleichnishaft andeuten lassen.

Machbar, dozierbar, erlernbar, so muß sich der „Meister in Israel" sagen lassen, ist diese, die Verwandlung des eigenen Wesens umschließende Erfahrung freilich nicht. Die einzige Antwort, die hier möglich ist, lautet: „Pneuma pnei" – der Geist-Wind weht, wo er will. Die zugrundeliegende Realität und Faktizität, Wirklichkeit und Ereignis sind nicht hinterfragbar. Sie sind erfahrbar, denn es gibt neben Imagination und Intuition auch Inspiration; das ist der Anhauch des Wiedergeburt schaffenden Geistes (Pneuma). Diese Tatsache steht hinter den Worten Jesu: „Du hörst sein Sausen wohl." Wißbar aber ist das Woher und das Wohin des kraftenden Geistes so wenig wie das Wie des Vorgangs der Wiedergeburt, von der hier die Rede ist.

In eben diesem entscheidenden Punkt unterscheiden sich die theologische Diskussion der Rabbiner – mithin jedes theologische Argumentieren – und das Nachtgespräch zwischen Christus und Nikodemus. Geht es dort um die Klärung oder Absicherung von denkerischen Positionen, so geht es hier um die Initiierung eines geistig-seelischen Prozesses – in Nikodemus und in jedem Menschen, der den Weg des Nikodemus geht, nämlich durch die Intellektualität und das fragende Denken hindurch zum Verwandeltwerden, einem Akt der Transformation:

„Und niemand fährt gen Himmel, denn der vom Himmel herniedergekommen ist, nämlich des Menschen Sohn, der vom Himmel ist."

In der gelehrten Diskussion in der Synagoge hat sich Jesus als Rabbi den Rabbinern seiner Zeit gestellt. In dem esoterischen, weil im Innenraum spiritueller Zweisamkeit geführten Nachtgespräch vermag sich dieser Jesus als der Christus kundzugeben, „der vom Himmel ist". Diese Selbstbezeugung, d. h. die Bezeugung der Eigentlichkeit seines wahren Selbst („Ich bin"), übersteigt bereits die Ebene theologischer Sätze. Dieser Christus spricht von höherer Warte aus und von einer übergeordneten Zuständigkeit her.

Unterstrichen wird das dadurch, daß unser Text mit einem Sinn-Zeichen schließt: „Wie Mose in der Wüste eine Schlange erhöht hat, also muß des Menschen Sohn erhöht werden ..." Und das hat zu geschehen „auf daß alle, die an ihn glauben, *leben*".

Solange man dieses Christuswort als eine nur theologische Aussage nimmt (die es natürlich auch ist), hat man eine typologische Rede vor sich, d. h. eine Aussage *über* Christus, die als Typos im Alten Testament vorgebildet erscheint, nämlich in der ehernen Heilschlange, die Mose für sein von „feurigen Schlangen" heimgesuchtes Volk aufrichten ließ. Nun soll aber dieses Bild wiederum nicht primär oder ausschließlich auf seine religionsgeschichtlich-theologische Bedeutsamkeit hin erklärt werden. Eine derartige Erklärung würde sich nur an den Intellekt wenden, ohne das zu bewirken, was das Zeichen ursprünglich im Rahmen der alten Heilungspraktiken zu bewirken hatte. Über das Zeichen der erhöhten Schlange sollte einst nicht reflektiert werden, sondern: wer die Eherne Schlange *anschaute,* blieb am Leben (Num. 21,9).

Die alten Zeichen haben aber ihre magisch wirkende symbolische Kraft eingebüßt. Das magische wurde ähnlich wie das alte mythische Bewußtsein durch das nachgefolgte tagwache Ich-Bewußtsein abgelöst. Die alte Symbolik ist zumindest beim westlichen Menschen nicht mehr automatisch wirksam. Der Mensch selbst muß „erhöht" werden. Durch sein Opfer, am Aufrichte-Zeichen des Kreuzes dargebracht, bekommt diese alte Symbolik neue spirituelle Kraft. Und *dieses* Zeichen („in diesem Zeichen wirst du siegen", träumte Konstantin!) ist es, in dem Heil geschieht. Also nicht durch die alte, atavistische Bildmagie, sondern durch die Ich-Kraft des Glaubens (im Sinne der Ich-bin-Worte des Johannesevangeliums) wird die Heilung des Christus als Sohn des Menschen begründet.

Abgesehen von dem alttestamentlichen Vorbild muß sich der christlich orientierte Bibelleser klarmachen, daß die Schlange nicht nur den Aspekt des Bösen und des Versucherischen hat. Die Schlange ist ein wichtiges Transzendenz-Symbol. Wie die Mythen und Märchen zeigen, kriecht die Schlange aus den Tiefen der (kollektiven) Mutter Erde hervor. Auf dem Weg der Selbst-Werdung aber soll sie „aufgerichtet" werden. Andererseits ist die Schlange Repräsentantin der Regeneration, der Erneuerung und damit der Wiedergeburt. Die Schlange erhöhen, die erhöhte Schlange anblicken, hieße demnach, einen Prozeß der Bewußtwerdung einleiten, die einer „Geburt von oben her" gleichkommt.

In dieses Geheimnis – es ist das zentrale Christus-Mysterium – hat Jesus den Nikodemus einzuweihen:

> „Hörst, Nikodeme, du den Schöpfer Geist,
> Der mächtig weht und seine Welt erneut?"
>
> C. F. Meyer

Der Meditierende soll sich nun glaubend-erkennend mit dem verbinden, der im Sinne von Joh. 3,16 als der eingeborene Sohn und als die Mensch gewordene Gottesliebe in diese Welt hineingekommen ist. Das Ziel dieses antwortenden Glaubens auf das anredende Wort verbürgt ewiges Leben. So wie Glaube (pistis) und Erkenntnis (gnosis) bilden auch Glaube und Leben (zoé) im Johannesevangelium eine Einheit.

Damit ist ein Erkenntnisweg eröffnet. Er ist alles andere als ein leicht erprobbares Rezept. Denn: „ein Mensch kann nichts nehmen, es werde ihm denn gegeben vom Himmel" (Joh. 3,27), d.h. aus dem Unverfügbaren heraus. „Der Hirnhund, schwer mit dem Gott der Theologen befrachtet" (frei nach Gottfried Benn), als der Nikodemus des Nachts zu Christus kommt, kann sich nicht auf ein im Intellektuellen steckenbleibendes Expertengespräch einrichten. Er muß sich ändern lassen. Diese Änderung beginnt innen: Wiedergeburt aus dem Geist.

So gesehen entspricht das Nachtgespräch mit Nikodemus am Anfang des Johannesevangeliums dem Metanoeíte („Ändert euren Sinn"!) am Anfang der drei synoptischen Evangelien (Matthäus, Markus, Lukas). Aber durch den vierten Evangelisten wird eindrücklicher als durch die Synoptiker gesagt, welcher Art diese „Sinnesänderung" im Grund ist. Sie umfaßt jedenfalls nicht nur den Denkbereich, in dem unsere Vorstellungen, Meinungen, Überzeugungen oder „Bekenntnisse" beheimatet sind. Meta-noeín (griech.: nóema, Gedanke) ist mehr als ein sogenanntes „Umdenken", also nicht nur ein noetischer Sinneswandel, mehr als die Meinungsänderung der allzeit bereiten „Wendehälse".

Eine Bewußtseins- oder Oberflächen-Theologie mag sich damit zufriedengeben, daß Konversionen von einem Bekenntnis zu einem anderen (will sagen: von einer karteimäßig registrierten Mitgliedschaft zu einer anderen „aus Überzeugung") geschehen.

Eine *Tiefen-Theologie* aber wird – paradoxerweise – darauf achten müssen, was sich letztlich jeglicher Beobachtung entzieht, nämlich auf das, was sich im Nachtbereich der Seele ereignet, was dem Tagesbewußtsein unergründlich, vielleicht sogar zuwider ist.

Es gibt ein latentes Christentum, wie es Paul Tillich einmal genannt hat. Es gibt ein *esoterisches Christentum,* insofern die Christusbotschaft eine Innenseite hat, die man – etwa unter dem Vorwand zeitgemäßer Verkündigung – nicht ungestraft ignorieren oder vernachlässigen kann. Und wer dürfte sich anmaßen, der Christus-*Latenz* die Christus-*Tendenz* abzusprechen? Der Geist weht, wo *er* will!

Freilich, alle Latenz, alles Verborgene, im Keimzustand Befindliche drängt nach Offenlegung. Nikodemus selbst wird in das Offenbarwerden seiner Beziehung zu Christus hineingezogen. Auch er, der als Geburt zunächst nur das natürliche Geborenwerden kennt, die regressive seelische Abhängigkeit von der Mutter – auch von der Mutter Synagoge –, die ihn geboren hat („Kann der Mensch wieder in

seiner Mutter Leib zurückkehren und geboren werden?")
– auch er muß sich darin ändern.

Im übrigen blieben wir an der Oberfläche des Geschehens, wenn wir nur nach der Entscheidung für oder gegen Christus fragen, obwohl das freimütige Bekenntnis durchaus seinen Eigenwert hat. Ein vollgültiges Bekenntnis aber ist durch keinen äußeren, etwa noch so beschwörenden „evangelistischen" Appell herbeizuführen. *Be*kennen muß aus einem tief wurzelnden *Er*kennen hervorwachsen und ist von der Neugeburt, die Christus prozeßhaft in Gang bringen will, nicht zu trennen.

Was ist aber aus Nikodemus geworden? Der Evangelist gibt uns einen Hinweis: Das Christusgeschehen rollt ab als eine äußere, von unauslöschlichen historischen Daten befrachtete Geschichte, bis zur „Erhöhung" des Jesus von Nazareth auf dem Hügel Golgatha. Für Nikodemus muß dieser äußere Ablauf von einem inneren Geschehen begleitet gewesen sein. In der Nacht des Karfreitag, als Joseph von Arimathia bei Pilatus die Freigabe des Leichnams Jesu zur Bestattung erwirkt hat, ist Nikodemus wieder zugegen:

„Es kam aber auch Nikodemus, der vormals bei der Nacht zu Jesus gekommen war, und brachte Myrrhe und Aloe untereinander bei hundert Pfunden. Da nahmen sie den Leichnam und banden ihn in leinene Tücher mit den Spezereien, wie die Juden zu begraben pflegen." (Joh. 19,39 f.). Nun soll das innere Christusereignis zum Ziel kommen, das in jenem Nachtgespräch eingeleitet worden ist. Was Christus dem israelitischen Frommen wie eine keimhafte Ahnung einzupflanzen suchte, als er dessen Blick auf das Sinn-Zeichen der Neugeburt richtete, das muß sich nun als ein glaubendes Erkennen und als ein existentiell-engagiertes Handeln bewähren.

Abermals ist es „Nacht", aber eine Nacht, die sich ihrem Ende zuneigt, dem Ostermorgen. Wir sehen, wie sich der

„Meister aus Israel“ in die Grabeshöhle hinunterbeugt. Er hat den Leichnam dessen in den Armen, der ihm das enthüllende Wort von der Neugeburt gesagt hat. Die Glaubensbewährung besteht für Nikodemus nicht zuletzt darin, daß er den in den Schoß der Mutter Erde bettet, der gesagt hat: Neugeburt ist etwas völlig anderes als die Rückkehr in den Mutterschoß...

Das Grab ist zu einem Symbol geworden. Dem Ende des natürlichen Lebens entspricht der Anfang einer neuen Seinsweise. Für Nikodemus ist das Grab Jesu zu einer Stätte der Initiation geworden, zur Stätte einer Erwekkung, die Lazarus an sich erfahren hat. Nun gilt auch ihm das Wort:

„Ich bin die Auferstehung und das Leben.“ Nikodemus ist – wie Lazarus – ein Initiierter des Christus geworden. Als solcher mag er für jene Theologen stehen, die es wagen, auch im Nachtbereich der Seele dem Christus zu begegnen.

Die Samariterin am Jakobusbrunnen (Joh. 4)

„Da kam er in eine Stadt Samarias, die heißt Sichar, nahe bei dem Feld, das Jakob seinem Sohn Joseph gab. Es war aber daselbst Jakobs Brunnen... Und es war um die sechste Stunde.“

Damit sind „Ort“ und „Zeit“ des Berichts angegeben, den der Evangelist im ersten Teil des 4. Kapitels bietet. Müde und durstig setzt sich Jesus auf den Brunnenrand, während seine Jünger in der Stadt Nahrung besorgen. Er bittet eine samaritanische Frau um einen erfrischenden Trunk. Damit ist das leitende Motiv der Perikope geknüpft, die Frage nach dem lebendigen Wasser, nach dem Ort der wahren Anbetung und nach dem Bringer des erhofften Heils, d. h. nach dem Messias.

Der Kontrast zum Nachtgespräch des Nikodemus ist

augenfällig: Dort der gelehrte Mann, Vertreter der Gesetzestreue und der offiziell anerkannten jüdischen Frömmigkeit, der in der Tiefe der Nacht den Christus aufsucht. Hier dagegen die Frau, durch Geschlecht, Abstammung und Glaubenszugehörigkeit eine Deklassierte, eine Unorthodoxe („nur eine Samariterin"), außerhalb der moralischen Norm Lebende („fünf Männer hast du gehabt und der, den du nun hast, ist nicht dein Mann ..."). Auf der Höhe des Tages – die sechste Stunde entspricht dem Mittag – begegnet sie Jesus, vor den Toren der Ortschaft.

Diese Polarität von innen und außen, Tag und Nacht, Mann und Frau usw. und die Aufeinanderfolge der Berichte im Johannesevangelium spricht dafür, daß beide Gespräche miteinander zu tun haben. Beide Male ist Christus nicht nur der Partner. Christus bzw. der Messias ist beide Male auch thematischer Mittelpunkt. Unser Bericht läßt an Transparenz und Zeichenhaftigkeit kaum etwas zu wünschen übrig. Zunächst hat es den Anschein, der unbekannte Wanderer verlange von der Frau nur zu trinken. Dieser kreatürliche Durst soll gar nicht allegorisiert werden. Wenngleich wir uns an dieser Stelle wenig um die historische Faktizität des Berichts zu kümmern haben, so ist es doch der wirkliche Jesus von Nazareth, der historische Mensch, der totus homo, dem nichts Menschliches fremd gewesen sein kann. Als der begehrt er aus dem Becher der Samariterin zu trinken. Dabei ist er es, der „lebendiges Wasser" anzubieten hat, das *in* dem, der davon trinkt, zu einer Quelle wird, das in das ewige Leben quillt. Welch eine Paradoxie!

Aber die Verwunderung und ein erstes Mißverständnis auf der Seite der Frau sind anscheinend rasch überwunden, denn alsbald konfrontiert die samaritische Frau den ihr Unbekannten, den sie für einen Propheten hält, mit „unserem Vater Jakob", der einst den Brunnen graben ließ. Das Wasser daraus hat viele Generationen lang Menschen und Vieh getränkt. Damit verquickt ist der Strom des Segens, der aus dem Quellgrund der Vätertradition emporgestiegen ist. Nochmals stellt sich hier das archetypisch-poetische Bild ein: „Und auch meine Seele ist ein springender Brunnen", eben einer, der von einer längst vergangenen Seelenhaftigkeit gespeist ist. Niemand verachte diese uralte Spiritualität des Vätererbes, sei es die Religiosität, das mythische Wissen, oder sei es die Symbolfülle, die sich in Gestalt unserer Träume über uns ergießt...

Und nun steht da einer am Brunnenrand dieser Tradition, der „lebendiges Wasser" bietet. Deshalb die bald skeptische, bald verwunderte Rückfrage: „Bist du etwa mehr als unser Vater Jakob?" Denn das Schöpfen aus den Tiefen des Jakobs-Brunnens verband Mensch und Tier, also die Totalität des alltäglichen Lebens mit dem Vätererbe langer Vergangenheit. Diese Verbindung umschloß beides: Sie gewährleistete die Sicherung und den Fortbestand des Lebens überhaupt, und sie erhielt die Beziehung zum Glauben der Väter aufrecht. Gott war und ist eben der Gott der Väter (Abraham, Isaak und Jakob).

Andererseits ist der samaritischen Frau immerhin bekannt, daß das Heil in der Zukunft liegt und „von den Juden" kommt. Dämmert da nicht eine Ahnung davon herauf, was die Propheten schon immer gesagt haben, nämlich daß die ererbten Brunnen löchrig geworden sind und kein Wasser mehr geben (Jer. 2,13)? So fragt die Frau nach dem Ort der rechten Anbetung, und das heißt: Wo ist eigentlich die Stätte der Gegenwart des göttlichen Geistes? Eine wesentliche Frage, weil sie in einem sehr wörtlichen Sinn Geistes-*Gegenwart* und Offenheit für die Geistes-*Zukunft* bekundet. Doch worin gründet sie?

In unserem Bericht sind die Tiefe des Jakobs-Brunnens und die Höhe des Garizim der Samariter aufeinander bezogen. Aber dieses Unten und dieses Oben, was im Wasser

Leben erhält und was im Kultus mit Gott verbindet, unterliegt der Krise. Althebräische Gerichtspropheten haben ihre Stunde gehabt. Doch Jesus nimmt weder Anstoß am Jakobs-Brunnen noch am Höhenkultus der Samariter. Er ersetzt die beiden Institutionen nicht etwa durch Empfehlung einer dritten. Kein Wort des Appells zu einer Konversion, etwa zu der Jerusalemer Tempeltradition. Dergleichen bedarf es auch nicht. Denn Gewähr für die Gottesgegenwart geben weder religiöse Institutionen noch Lehrautoritäten. Sie sind es ja, die in die Krise geraten sind. Die Kontroverse um den Christus beweist dies vielfältig. Auch das Nachtgespräch mit dem „Meister in Israel".

Die Samariterin verhehlt nicht, woran sie sich bisher orientiert hat. Die alleinige Größe religiöser Wirklichkeit erblickt sie, wenn sie in die Vergangenheit ihres Volkes zurückschaut; in eine Vergangenheit, mit der sie eben nur dadurch in Verbindung bleibt, daß sie Tag um Tag aus dem Brunnen der Väter schöpft. Und zu den gesetzten Zeiten betet sie auf dem heiligen Berg ihrer Väter an, freilich vertreten durch ihren Mann. Den Blick für den, der vor ihr steht, muß sie erst gewinnen. Dazu ist aber eine Veränderung der Blickrichtung notwendig. Notwendig ist eine Lösung von dem Einst und Dort zu dem Jetzt und Hier.

Das persönliche Schicksal der Frau spielt mit herein. Ihre problematische Beziehung zu den Männern, die sie gehabt hat, und zu dem, der im Grunde nicht im vollmenschlichen Sinn ihr Partner ist, bezeichnet ihre Situation. Es ist eine Situation der Abhängigkeit vom Mann und von den Vätern, die ihr als Frau so wenig Selbstheit zuerkennen. Ist aber nicht gerade die Frage nach dem eigentlichen Selbst des Menschen gestellt, das auf dem Weg einer äußeren Emanzipation allein nicht erlangt werden kann? Gefragt ist mit der Selbst-Werdung die Befreiung aus den

Bindungen der Vergangenheit, den religiösen wie gesellschaftlichen.

Nun erschöpft sich die Begegnung mit Jesus nicht in dem gleichwohl bedeutungsvollen Hinweis, wie von nun an „im Geist und in der Wahrheit" angebetet werden könne und wie dadurch die alten Kultus- und Gesellschaftsordnungen relativiert werden. Zwar weiß auch die Samariterin, „daß der Messias kommt", ein in der Väter-Überlieferung begründetes Wissen, das nur graduell von dem des Schriftgelehrten Nikodemus unterschieden ist. Aber für das, was sich jetzt und hier begibt, muß sich auch die Frau erst bewußtseinsmäßig erwecken lassen. Ein Prozeß ist bei ihr in Gang gekommen, den unser Text so andeutet: Erst das Erstaunen darüber, daß ein Mann, noch dazu ein Jude, sie anspricht; dann die ahnungsvolle Rückfrage, die offen läßt, ob Vater Jakob etwa durch einen „Größeren" überragt werde; schließlich das engagierte Zeugnis gegenüber den Bewohnern ihrer Ortschaft.

Was jedoch für den in vielen Abhängigkeiten lebenden Menschen von entscheidender Bedeutung ist, das signalisiert das Wort, das Christus von sich selbst sagt, jenes Wort, das immer wieder auf die geheime Mitte des Johannesevangeliums verweist, indem es die Christuswesenheit (griech.: doxa) bezeichnet: ICH BIN (ego eimi); hier: „Ich bins, der mit dir redet."

Es hat sich eingebürgert, derartige Jesus-Worte als Selbstzeugnisse für seine Messianität zu nehmen, als Identifikationen des Jesus von Nazareth mit dem prophezeiten Messias-Christus. Im Johannesevangelium hat das „Ich bin" des Christus einen ganz besonderen Gehalt, indem es über das „bürgerliche" Ich des Mannes aus Nazareth hinausweist auf den, der nicht von seinen natürlichen Eltern abzuleiten ist. Und darin ist er der Prototyp des Menschen schlechthin („idou ho ánthropos"; „ecce homo"; „seht, *der* Mensch!") und somit als die persönlich-überpersönliche

Wesensmitte einem jeden Menschen eingeboren als sein (weitgehend unbewußtes) wahres Selbst. Dieses Ich-bin ist es, das von den Vergangenheitsbindungen befreit und daher auch aus der gesellschaftlichen Deklassiertheit erlöst, wie sie die Samariterin samt all ihren Schicksalsgenossinnen zu erleiden hat.

Um es nochmals zu sagen: Dieses Ich-Selbst, das nicht mit eigensüchtiger, irdisch begrenzter Egoität verwechselt werden darf, drückt eine Reifung aus, die freilich nicht von außen her zugesprochen werden kann, ebensowenig wie das natürliche Ich-Sagen die Bezeichnung eines anderen sein kann. „Ich" verweist stets auf den, der das Wort ausspricht, nie auf einen anderen. Das Ich-bin des Christus muß *im* Menschen, in jedem einzelnen selbst, ergriffen und erfahren werden. Und erst im Kontext mit den nachfolgenden johanneischen Ich-bin-Worten manifestiert sich der in Jesus von Nazareth inkarnierte und damit verborgene Christus. Das Hineinwachsen in dieses Mysterium gehört zu dem Reifungsweg, auf dem sich Nikodemus und die samaritische Frau in exemplarischer Weise befinden.

Mußte Nikodemus als „Meister in Israel" lernen, daß die zweite Geburt keine Rückkehr in den „Mutterschoß" und in die blutsmäßige Geborgenheit sein kann, sondern „von oben her" aus der Kraft von „Wasser und Geist" kommen muß, so ist es der Samariterin aufgetragen, in der Begegnung mit Christus das „Wasser" zu finden, das zu einer Quelle ewigen Lebens wird. (Wasser symbolisiert hier den Geistbereich des Archetypischen.) Die bloße Berufung auf den Vater Jakob, auf seinen Brunnen und auf die Autoritäten von ehedem erschließt noch keinen Zugang zu dem Ich-bin, das erst geboren werden muß. Insofern sind die beiden Gespräche episodischer Ausdruck einer Selbstbegegnung zweier Menschen.

Johannes, der Evangelist des zweiten Lebens

Es ist gewiß so, daß dem Lebenslauf des Jesus-Christus archetypische Züge anhaften, d. h. ein Grundmuster des Allgemeinmenschlichen schimmert durch. Das macht sein Leben, sein Wort, sein Tun bedeutsam. Unter den vier Evangelien nimmt das nach Johannes einen besonderen Rang ein. Schon die frühe Christenheit wußte das, wenn sie es mit dem Alexandriner Clemens ein „geistiges Evangelium" nannte. Die Symbolik hat ihm den zur Sonne emporsteigenden Adler zugeordnet. Damit ist ein Wesenszug dieser johanneischen Schrift sinnfällig zum Ausdruck gebracht. Das zeigt schon der Prolog, der sich kühn über die Niederungen einer menschlichen Biographie, auch über die des Jesus von Nazareth, erhebt und den Christus als das weltschöpferische „Wort" präsentiert: „Im Urbeginn war das Wort, und das Wort war bei Gott ..." (Joh. 1,1). Damit ist der Bereich der Erdengeschichte verlassen. Nicht so sehr die Lebensgeschichte eines Menschen kommt in den Blick, sondern der tragende Grund des Lebens, wenn es da heißt:

„In ihm war das Leben und das Leben war das Licht der Menschen ..." Wie die Begegnung mit Nikodemus und mit der Samariterin am Jakobsbrunnen gezeigt hat, gehört es zur Charakteristik des Johannesevangeliums, daß das Thema der Erleuchtung, der Wandlung und der Wieder- bzw. der Neugeburt die gesamte Schrift bestimmt. Dabei ist auch ein Vergleich interessant: An der Stelle, an der Matthäus und Lukas in ihren Advents- und Weihnachtsgeschichten die Menschwerdung schildern, fehlt bei Johannes ein Parallelbericht. Nach der gewaltigen Intonation: „Im Urbeginn war das Wort ..." berichtet Johannes nicht etwa vom Hergang der Geburt und von der Jugend Jesu, sondern – ähnlich wie Markus – stellt er den Nazarener sogleich in den Zusammenhang seines Christus-Wirkens hinein, der als reifer Mann seinen Weg geht.

Sollte jene Parallele etwa deshalb fehlen, um die Neugeburt des Menschen in anderer Form nur um so nachdrücklicher zu betonen? Sollte sie vielleicht fehlen, um nur ja keinen Zweifel darüber aufkommen zu lassen, daß der menschgewordene Gott sein irdisches Schicksal mit dem Entwicklungsweg des Menschen aufs engste verknüpft?

Und gerade das geschieht im vierten Evangelium. Es erschließt sich übrigens nicht, indem man es nur wie eine Lebensgeschichte liest, sondern allein auf dem Weg einer in die Tiefe – zugleich in die spirituelle Höhe – führenden Meditation.

Der Geist zeugt und gebiert

Wer, um im Bild zu bleiben, auf diese meditierende Weise mit dem Johannes-Adler emporsteigt, der wird gewahr, daß jenes Wort, der Christus-Logos von Gott her, Leben, Liebe, Licht spendend herniedergestiegen ist: „Das Licht scheint in die Finsternis hinein und die Finsternis hat es nicht begriffen ..." (Joh. 1,5).

Und an der Stelle, an der die beiden synoptischen Evangelien (Matthäus bzw. Lukas) von der kaum mehr verstandenen „Jungfrauengeburt" sprechen, da bezeugt Johannes die *Jungfrauengeburt des neuen Menschen.* Daß eine(r) von einer Jungfrau geboren sei, stellt keine intellektuelle Zumutung dar, sondern besagt: Dieser Mensch, dessen Eltern man recht gut kennen mag, ist weder von seinem Vater noch von seiner Mutter her zu „erklären". Er ist ein selbständiges Ich, das zum Selbst hin reift. Er ist eine von keinem Menschen ableitbare Individualität. Er ist geistgezeugt und aus dem Geist geboren, und zwar in dem Sinn, in dem Jesus dies dem Nikodemus verdeutlichen wollte. Wer nun diesen Gedanken verfolgen will, der muß sich eben auf die Bahn des Adlers begeben und die Ebene historischer oder biologischer Argumentation verlassen.

Eigentlich ist er es selbst, „der Jünger, den Jesus lieb hatte“, der die Pforte dieser Jungfrauengeburt durchschritten hat. Es gibt sogar einen eindrucksvollen „Beleg“ dafür, nämlich das Johannesevangelium. Rudolf Steiner, der zu den Wiederentdeckern dieser so bedeutsamen Evangelien-Schrift im 20. Jahrhundert gehört, sagt einmal: „Wer das Johannesevangelium durchlebt, der wird in sich die Kraft des Schauens erwecken. Es ist ein Seherbuch, geschrieben zur Schulung des Sehertums. Wer es Satz für Satz durchlebt, für den geht aus ihm das große, gewaltige Resultat hervor, daß er geistig Auge in Auge dem Christus gegenübertritt.“ Gemeint ist ein meditatives Durchleben.

Und was folgt daraus?

Geradezu leitmotivartig schreibt Johannes schon im Prolog: „Wie viele ihn (den Christus-Logos) aber aufnahmen, denen gab er Macht, *Gottes Kinder zu werden.*“ Entscheidend ist nun, und das nenne ich den jungfräulichen Aspekt, daß diese Gottesabkunft des wiedergeborenen Menschen nicht an Blut und Rasse, auch nicht an Geschlecht oder soziale Schichtzugehörigkeit gebunden ist. Spätestens in der Lebensmitte ist dieses urchristliche und urmenschliche Element der eigenen Persönlichkeit zu integrieren, und zwar bis in den politischen Bereich hinein. Umgekehrt gilt natürlich auch: Wie ich dieses Urmenschliche mir – „immerstrebend bemüht“ – aneigne, ist ein Gradmesser dafür, wie ich meine Lebenswende zu vollziehen bereit bin, d. h. ich kann nun kein Nationalist sein, kein Antifeminist, kein Naturverächter, kein ... Im übrigen betonte vor Johannes schon Paulus im Galaterbrief (Gal. 3,26 ff.):

„Ihr seid *alle* Gottes Kinder durch den Glauben an Christus Jesus ... Hier ist kein Jude, noch Grieche, hier ist kein Sklave noch Freigeborener, hier ist kein Mann noch Weib; denn ihr seid alle *einer* in Christus Jesus."

Weil das so ist, deshalb kann Johannes die Abkunft des neuen Menschen näher bestimmen: Dieser neue Mensch ist nicht dem Blute nach, nicht durch die Kräfte des Bios und der Libido entstanden, sondern er ist „aus Gott geboren" (Joh. 1,13). Johannes legt damit den Grundstein zu einer neuen Anthropologie, die Paulus näher umrissen und ausgestaltet hat. Der Evangelist möchte seine Hörer und Leser in einen Werdeprozeß einbeziehen. Deshalb können wir uns nicht darauf beschränken, das Johannesevangelium nur theologisch zu reflektieren oder historisch-kritisch zu analysieren. Diese Bemühungen, die nach wie vor berechtigt sind, müssen durch die Meditation ergänzt und vertieft werden. Dieses Meditations-Evangelium stellt denn auch Symbolzeichen vor den Betrachter hin. Der Evangelist nennt sie exakt so (griech.: semeion), indem er mit dem Zeichen der „Hochzeit zu Kana" beginnt und weitere Christus-Taten daran anschließt. Sie gipfeln in der Erweckung des Lazarus, womit gleichsam auf höchster Ebene die Erweckung des Menschen zum neuen Sein dargestellt wird. Ein Weg der Wiedergeburt zeichnet sich ab.

Zur Mitwirkung aufgerufen

An sich mag es paradox erscheinen, wenn man vom Beschreiten eines Wiedergeburtswegs spricht. Aber diese Un-Logik wird uns durch die Sache selbst zugemutet. Zweierlei ist zu berücksichtigen: Die Menschwerdung des Menschen, von der das Johannesevangelium spricht, ist eben kein naturhafter Prozeß, der nach dem Gesetz irgendeiner in Unbewußtheit ablaufenden Automatik vor sich geht. Die erste, natürliche Zeugung und Geburt geht vor sich, ohne daß das Kind daran aktiv anteilnehmen könnte. Die zweite Zeugung und Geburt aber, mag wie bei Nikodemus zwar „bei der Nacht", also in der Unbewußtheit und im Nichtwissen beginnen. Aber der Wiedergeborene, der aus „Wasser und Geist" zu Gebärende ist aufgerufen mitzutun.

Dieses Mittun stellt sich einerseits als eine Aktivierung des Bewußtseins dar. Der Mysterienruf lautet bei Paulus: „Wache auf, der du schläfst, so wird dich Christus erleuchten!" (Eph. 5,14). Andererseits aber, und dies ist der zweite Gesichtspunkt, der durch den erstgenannten nicht relativiert werden kann: Auch die Geburt „von oben" her ist Zeugung und Geburt, die nicht durch „Fleisch und Blut" oder durch den menschlichen Willen herbeigeführt bzw. gesteuert werden kann. Man kann sich zumindest annähernd eine Vorstellung von dem hier Gemeinten bilden, wenn man den Individuationsvorgang der Analytischen Psychologie zum Vergleich heranzieht. Individuation, Selbst-Werdung widerfährt dem Menschen zwar auch, und er ist nicht der „Macher". Aber dies geschieht doch so, daß er zur bewußten Teilnahme und zum Mitentscheiden aufgerufen ist.

Menschwerdung im Licht der Passion

Ehe von der frohen Botschaft dieser vierten Evangelien-Schrift gesprochen werden kann, gilt es die Bewährung inmitten der Traurigkeit (griech.: thlipsis) zu bestehen. Wenn es stimmt, daß die Menschwerdung des Menschen das beherrschende Thema des vierten Evangelisten ist, dann darf angenommen werden, daß dieses Motiv gerade im Passionsgeschehen wiederkehrt. Drei Gesichtspunkte, auf die unser Text selbst aufmerksam macht, seien angeführt:

1. Im 16. Kapitel stellt Christus seinen Jüngern ein Bild von irdischer Geburt und Mutterschaft vor Augen: Eine Gebärende leidet unter der Bedrängnis (thlipsis), denn ihre Stunde ist gekommen (Joh. 16,21). Dem Mysterienwort der „Stunde“ begegnet man wiederholt. Bezeichnenderweise wird es an der genannten Stelle als Gleichniswort für die Geburt des neuen Menschen verwendet! Unser Text fährt nun folgerichtig fort: Wenn die Frau das Kind geboren hat, denkt sie nicht mehr an die Angst um der Freude willen, daß *der Mensch* zur Welt geboren ist. – In eben dieser Situation sieht Jesus seine Jünger, die er ja in den Prozeß einer tiefgehenden Wandlung hineinbegleiten will.

Seine Worte bleiben aber in einer merkwürdigen Schwebe. Denn eigentlich ist „die Stunde“ doch in erster Linie „seine“ Stunde, nämlich die seines bevorstehenden Leidens und seines Sterbens. Auf der anderen Seite ist das Ereignis der Stunde auf den werdenden neuen Menschen bezogen, der *in* jedem einzelnen Jünger heranwachsen möge. Im anschließenden „hohenpriesterlichen“ Gebet Jesu (Kap. 17) ist auf die Gestaltwerdung des neuen Menschen und auf das „ewige Leben“ Bezug genommen. Denn den Christus erkennen *ist* ewiges Leben, so wird hier betont.

2. Eine zweite Szene der Johannes-Passion schildert den Augenblick, in dem Pontius Pilatus in seiner Eigenschaft als oberster römischer Gerichtsherr den Verspotteten, Gegeißelten, Dorngekrönten, in Purpur Gekleideten dem Volk vorstellt und das bedeutungsschwere Wort spricht: „Siehe, *der Mensch!*“ (Das lateinische „ecce homo“ darf nicht im Sinne einer gefühlvoll-mitleidigen Anteilnahme an dem Schicksal des Nazareners mißdeutet werden, weil dadurch das *Bild des Menschen* verstellt werden könnte.)

Noch in der mittelalterlichen Mystik, in der die Imitatio Christi durch einen symbolischen Nachvollzug meditativ er-*innert* wurde, ahnte man etwas von dem, was gemeint ist:

Nur der Mensch, der die vielfältigen Stufen und Erprobungen der Weltüberwindung durchschreitet, der die Tiefen der Inkarnation und der Passion auf sich nimmt, geht den Weg zur vollen Selbst-Werdung. Nur dieser Mensch, der gemäß der Aufforderung Christi sein Kreuz trägt – seine eigene Schattenhaftigkeit, sein eigenes Schicksal bejahend – ist im Vollsinn des Wortes Mensch.

Von der Jungschen Psychologie her ist die Parallele zum Individuationsprozeß einsichtig. Er weist nicht nur Entsprechungen etwa zu den antiken Einweihungsvorgängen, sondern auch zum Christus-Mysterium auf, das den Reifungsweg des Menschen in symbolischen Bildern vergegenwärtigt. Aus diesem Grund ist das Evangelium bedeutsam „für alle Welt“. Man erinnere sich hierbei auch der Kreuzwegstationen in katholischen Kirchen. Von entscheidender Bedeutung ist, daß diese symbolgeladenen Bilder nicht nur rituell-unbewußt an einem vorbeiziehen, sondern daß sich die eigene Selbst-Werdung an den Passionsstufen orientiert. Der Ausspruch des Pontius Pilatus ist somit ein Wahrwort von dem Menschen schlechthin, den der Christus repräsentiert.

3. Immer wieder muß auf den dynamischen Aspekt des biblischen Menschenbildes aufmerksam gemacht werden. Das Evangelium selbst unterstreicht den Weg- und Stufencharakter des Vorgangs. An vielen Stellen ist nach dem Ort und nach dem Augenblick Ausschau gehalten, an dem der Weg des Christus endet. Dieser Ort ist das Kreuz und in „seiner Stunde“ ereignet sich der entscheidende Augenblick.

Johannes, der keine äußere Lebensbeschreibung seines Meisters geben will, sondern dem es darum zu tun ist, daß der Christus-Prozeß seiner Vollendung entgegengeht, betont ausdrücklich: Jesus „wußte", daß nun alles „vollbracht" ist (Joh. 19,28). Und eben in der Stunde, in der die Geburt des Menschen – gemäß Kap. 16, 21! – vollzogen ist, ruft der wahre Mensch aus: „Es ist vollbracht (griech.: tetélestai)!" Das aufgetragene Werk (vgl. Joh. 17,4) ist geschichtliche Wirklichkeit geworden. Zum Ziel (télos) ist der gelangt, der denen Macht gibt, „Kinder Gottes" zu werden, und die als Telesten (Eingeweihte) in der Verbindung mit Christus am neuen Sein, dem „ewigen Leben" teilhaben. Was in der Übersetzung dem heutigen Bibelleser gar nicht mehr zum Bewußtsein kommt – es sei denn, er vermöchte meditativ in das pneumatische Evangelium einzudringen –, das muß auf die ersten Empfänger des Johannesevangeliums noch mit der Fülle des antiken Mysterienhintergrundes gewirkt haben. Heute kann hierbei eine Seelenführung behilflich sein, die das archetypische Geschehen von neuem bewußt macht. Die Tiefenpsychologie bedient sich hierbei der sogenannten Amplifikationsmethode. Es ist der Versuch, Hervorbringungen unseres Unbewußten dadurch aufzuhellen oder zu beleuchten, daß man sie – z. B. schwer verständliche Träume – durch vergleichbare Motive aus Mythen oder Märchen „amplifiziert", d. h. anreichert, indem man sie in diesem Zusammenhang betrachtet. Bezeichnen wir das Menschenleben mit seinen Wendepunktsituationen als einen „Weg", der bisweilen einen heroischen Einsatz verlangt, dann versteht sich, warum der *Heldenweg,* wie ihn die Menschheitsmythen schildern, von Generation zu Generation zu faszinieren vermag.

Auf dem Heldenweg

Die mythen- und symbolschaffende Kraft der menschlichen Seele scheint einer unerschöpflichen Quelle zu entstammen. Der Quellgrund ihrer Hervorbringungen, das ist die Seele selber. Von ihr kommen die kreativen Impulse aller Art. Sie schafft die urtümlichen (archetypischen) Bilder. In den Traditionen der Völker und Kulturen, der Zeiten und der Religionen sind diese Hervorbringungen aus diesem schöpferischen, geistig-seelischen Unbewußten zu einem gewaltigen Strom angewachsen. Die große Faszination, die mythische Erzählungen auszuüben vermögen, rührt offensichtlich daher, daß eine geheime Korrespondenz zwischen der Psyche des heute lebenden Menschen und dem Strom jener Hervorbringungen besteht. Die Motive sowohl unserer Träume als auch unserer Sehnsüchte gehen von da aus. Sei es die Sehnsucht nach dem Paradies auf der politisch-gesellschaftlichen Ebene, oder die Sehnsucht nach der Überwindung von Disharmonie und Gespaltenheit in uns selbst und im zwischenmenschlichen Bereich.

Archetypische Bilder

Erstreben die einen eine Utopie in Gestalt eines idealen Staates oder einer „klassenlosen Gesellschaft", so erwartet der religiöse Mensch den „neuen Himmel und die neue Erde, auf der Gerechtigkeit wohnt"; und er betet: „Dein Reich komme!" – Ausdruck der großen Hoffnung der gesamten Menschheit. Ob es sich um eine säkulare oder um eine sakrale Heilserwartung handelt, in jedem Fall ist es derselbe Archetypus, der die Menschen motiviert und ihre Erwartungen, Hoffnungen, Sehnsüchte konstelliert.

Man könnte ihn geradezu den Archetypus des Reiches nennen. Naturgemäß ist er auf die Zukunft hin ausgerichtet.

Zum Wesen solcher archetypischen Bilder gehört, daß sie in der Lage sind, nicht allein den einzelnen, sondern ganze Völker in Bewegung zu bringen und machtvolle Revolutionen herbeizuführen. Wie man weiß – und im politischen Leben in Geschichte und Gegenwart immer wieder beobachten kann – bergen derartige „Urbilder" des Wollens und des Verlangens eine nicht zu unterschätzende psychische Energie, ganz gleich unter welchem ideologischen Zeichen oder unter welcher Fahne bzw. Symbol diese zur Auswirkung kommt.

Blickt man andererseits zurück in die Vergangenheit – sei es in die Frühzeit der Menschheit, sei es in die Kindheit des Einzelmenschen –, dann kommt da ein ganz anderes Symbolbild zur Geltung. Erich Neumann hat in seinen Studien zur Bewußtseinsgeschichte hierfür die Figur des „Uroboros" gefunden. Es ist eine kreisförmig zusammengerollte Schlange, die sich gleichsam selbst verschlingt, indem sie sich in den Schwanz beißt. Vom Blickpunkt des (noch unentfalteten) menschlichen Ich her betrachtet, erweist sich dieser Uroboros als übermächtig, während das Ich-Bewußtsein erst noch keimhaft veranlagt erscheint. Der einzelne ist gleichsam in dem Zauberkreis dieses mythischen Schlangenwesens enthalten, noch unfähig, zu sich selbst zu kommen und „ich" zu sagen.

Es bedarf einer langen Entwicklung, bis sich das Ich herausbildet. Stellt bei der leiblichen Geburt das Heraustreten aus dem Mutterschoß und das „Entbundenwerden" einen entscheidenden Vorgang dar, so entspricht ihm auf der psychischen Ebene eine Loslösung, die in der vollen Ich-Reife des Selbständigwerdens gipfelt. Wie wir gesehen haben, sind die ersten drei bis vier Jahrzehnte im Menschenleben der Erfüllung dieser Aufgabe gewidmet.

Die Bahn, auf der dieser Prozeß abläuft, bzw. die von dem Ich – nunmehr aktiv – zu beschreiten ist, gleicht einem Weg, der vom einzelnen Heroismus verlangt. Es ist der heldenhafte Lebensmut, bei dem sich die Bereitschaft zum Wagnis und zur Übernahme von Opfern bekundet. Deshalb könnte man vom *Heldenweg* der menschlichen Seele sprechen.

Der Mensch – er sei Mann oder Frau – mag zwar rückblickend mit Hölderlin sagen: „Im Arm der Götter wuchs ich groß / und lieben lernt ich unter den Blumen . . ." Aber mittlerweile ist ihm klar geworden, daß die Vertreibung aus dem Paradies der Kindheit längst eine unumkehrbare Tatsache darstellt. Die „goldene Kindheit", das „goldene Zeitalter" einer naturhaften Geborgenheit ist dem „ehernen Zeitalter" des Erwachsenseins gewichen. Im Bilde gesagt: Der Heldenweg aktiver Lebensgestaltung und verantwortlicher Weltbewältigung verläuft „jenseits von Eden". Nichts geht mehr „von allein". Es eröffnen sich keine neuen Perspektiven, wenn man andere für das künftige eigene Schicksal verantwortlich machen wollte, etwa die Eltern, den problematischen Partner oder die vielgescholtene Gesellschaft.

Zur Entschlüsselung

Wie stellt sich nun der Mythus dar, der einen Durchblick zur Sinntiefe des Menschenlebens gewährt? Eines ist bei jeder Beschäftigung mit der Überlieferung von entscheidender Bedeutung, insofern es hilft, die Mythen, Märchen und Sagen aufzuschließen und für die Selbsterkenntnis fruchtbar zu machen:

Nicht darum kann es gehen, die berichtete „Geschichte" nach Zeit und Stunde lokalisieren zu wollen, als gelte es, das biblische Paradies in die Landkarte einzuzeichnen oder das von Generation zu Generation Erzählte auch unserer datierbaren „wirklichen“ Geschichte einzufügen, etwa die große Flut, von der die ganze Menschheit weiß, die Fahrten des Odysseus, die Taten der Ritter aus der Artusrunde oder Parzivals Suche nach dem heiligen Gral... Und selbst da, wo historische Anhaltspunkte aufweisbar sein mögen, da ist das „Wirkliche“ nicht das Eigentliche, weil jenes Wirkliche eben ein Gewesenes, Verflossenes ist. Das Eigentliche aber bewahrt seine Gültigkeit. So beginnen zwar viele Märchen mit der Wendung: „Es war einmal...“ Aber niemand kommt auf den Gedanken, einen bestimmten historischen Augenblick damit zu verbinden. Denn was da „einmal war“, das gilt *ein für allemal.*

Von daher ergibt sich ganz von selbst die Auslegungsart, die archetypisch gefüllte „Erzählungen“ verlangen, wenn sie für uns bedeutsam bleiben oder werden sollen. Es bringt nichts, wenn man die Sonde des Archäologen anlegen oder die Recherche des Historikers betreiben wollte. Vielmehr muß man „eine Auslegungsart wählen, die gerade das ‚Ewige‘ in der Geschichte aufsucht, indem sie es mit denjenigen Kräften und Antrieben verbindet, die im Menschen die ewige Grundlage zur Gestaltung wie zur Deutung seiner Geschichte bilden.“[25] Mit anderen Worten: Das Erzählte ähnelt einem Spiegel, in dem wir Strukturen und Grunderfahrungen der eigenen Existenz erblicken, nämlich solche, deren Sinn uns gemeinhin verborgen bleibt, weil die reale Alltäglichkeit ihren Schleier darüber breitet. Ahnend vermögen wir aber in den Bildern und dramatischen Szenen Entwicklungsgeschichte der menschlichen Psyche zu erkennen, unsere eigene Geschichte. Für den uns hier besonders interessierenden Lebensabschnitt handelt es sich um Situationen und Stadien auf dem Weg eines Helden. Hierzu einige Beispiele.

Auf zahlreichen Reliefs ist er – oft überlebensgroß – dargestellt, Gilgamesch, der König von Uruk, der Löwenbezwinger. Das älteste der uns bis heute bekannten Epen der Menschheit schildert uns sein Geschick, das Geschick eines Helden:

> Der alles gesehn im Bereiche des Landes,
> Der die Meere kannte, jegliches wußte,
> Weisheit besaß er, Kenntnis der Dinge allzumal,
> Verwahrtes auch sah er, Verborgenes enthüllte er;
> Hat Kunde gebracht von der Sintflut,
> Fernen Weg befahren, daß er matt und müde,
> Auf einen Denkstein die ganze Mühsal gemeißelt.

Diese Kunde ist zugleich Bericht seiner eigenen Er-Fahrung. Im Grunde weist dieses Allwissen auf eine Einweihung hin, die das Schicksal ihm bereitet hat. Die Erfahrung des Gilgamesch kann auch für andere wichtig werden, weil Urbildliches sich in seinem Schicksal widerspiegelt. Als solcher ist er eine übermenschliche Erscheinung, zu einem Drittel nur Mensch, aber zu zwei Dritteln ein Gott. Aus besonderem Anlaß gesellen ihm die Götter einen Gefährten zu, den naturhaften „pelzüberzogenen" Enkidu, eine ihm unzertrennlich erscheinende „Schatten"-Gestalt, Gilgameschs Ander-Ich und unbewußte Seite? Mit ihm zusammen gelingt es, das chtonische Monstrum Chumbaba, den Walddämon aus dem Zedernwald, zu töten. Auch den von der erzürnten Göttin gesandten Himmelsstier vermögen die beiden zu besiegen, ein Sieg über die transpersonalen Triebgewalten, wie wir ihn vom Kampf des Mithras her kennen, der ebenfalls den Stier tötet. Zahlreiche Kultreliefs halten das Ereignis fest.

In allem ist sich Gilgamesch bewußt, daß er auf der Seite und in der Nachfolge des Sonnengottes Schamasch steht:

Ich bin doch dem Schamasch gefolgt,
Den Weg gegangen, der mir bestimmt war!

Diesem sonnenhaften Prinzip verbunden mußte er jenen Himmelsstier töten. Dieser war ursprünglich dazu ausersehen, Gilgamesch zu vernichten, weil er es gewagt hatte, das eindringliche Liebeswerben der Göttin Ischtar – eine Anima-Figur – mit Schimpf und Spott zu beantworten. Schamasch kann als Repräsentant des Bewußtseins gelten. Als Archetypus schlägt er sich zunehmend auf die Seite der (Gilgamesch-)Menschheit. Damit wird deren Bewußtsein ebenfalls erhellt. Sie tritt aus den Traumtiefen des Mythischen heraus und erlangt Ichhaftigkeit. Dies entspricht der Tendenz des Heranwachsenden, der zunächst die bewußte Ichhaftigkeit anstrebt, bevor er die volle Persönlichkeitsreife erlangen kann.

Nachdem die Taten des Gilgamesch-Enkidu vollbracht sind, ist eine kritische Phase erreicht, gleichsam die Lebensmitte-Situation. Enkidu, der hier die naturhafte und damit vergängliche Wesensseite des Menschen verkörpert, wird in die Unterwelt abgerufen. Gilgamesch beklagt den Tod seines Gefährten auf dem bisherigen Heldenweg. Nun muß er ohne ihn auszukommen suchen. Und eben in der Klage über den Verlust des Naturhaften wird er seines eigentlichen Menschseins inne. Er ist nicht mehr länger ein Zweidrittel-Gott. Der jugendliche Held in ihm ist gestorben. Die Lebensmitte-Problematik kündigt sich in eigentümlicher Weise an.

Jetzt ist es hohe Zeit für ihn, sich um die Unsterblichkeit zu bemühen. Mancherlei Prüfungen nimmt er auf sich; zum einen, um Einsicht in die Fragen zu Leben und Tod zu erhalten. Er sucht den Weg zu den unsterblichen Ahnen. Utnapischtim, der Noah der babylonischen Sintflut-Sage, weist ihm den Weg auf dieser „Nachtmeerfahrt“ der Seele. Zum anderen sucht er in der Tiefe jenes

Kraut, das ewige Jugendlichkeit garantiert, zu erhaschen. Das scheint anfangs zu gelingen, aber kaum hält er es in Händen, da entreißt es ihm und verschlingt es eine Schlange. Gilgamesch will ihr die wertvolle Beute abjagen. Doch die Schlange entwindet sich ihm, indem sie verjüngt die alte Haut ihm zurückläßt. Das heißt doch: Gegen das Altern und die Sterblichkeit ist zwar kein Kraut gewachsen. Doch es gibt dennoch eine Verjüngung, eine Jugendlichkeit neuer Ordnung. Es ist die Verjüngung im Zeichen der Schlange, und die heißt *Wandlung*. Die „alte Haut" einer abgelebten Natur muß preisgegeben werden. Festhalten wie einen massiven Besitz läßt sie sich aber nicht. Insofern gibt es für die biologische Jugendlichkeit des Enkidu-Anteils von Gilgamesch keine willkürliche Verlängerung.

Nach langer Ausfahrt kehrt Gilgamesch schließlich heim in seine Stadt Uruk. Was wie eine bloße Rückkehr an den Ausgangsort anmutet, das ist unter einem neuen Blickpunkt zu betrachten, denn:

„Er sah das Licht, das er ersehnte, und fühlte den Hauch des Geistes, der ihm gefehlt hatte. Dies läßt seinen Verlust des Lebenskrautes in einem anderen Licht erscheinen. Es ist nicht nur ein tragisches Unglück, sondern vielleicht ein Hinweis darauf, daß er das Lebenskraut nicht behalten durfte, daß das Unbewußte es ihm versagte, weil es wohl Verjüngung und Lebensverlängerung bedeutet hätte, Ziel seiner anfänglichen Sehnsucht, nicht aber Wandlung des inneren Menschen, entsprechend dem tieferen Verlangen nach Erleuchtung und nach Bewußtseinserweiterung, für die ihn Schamasch, der Sonnengott, einst erwählt hatte.

Verzweiflung über den Tod hatte ihn in die Suche nach einer Umgehung des Todes durch ewige Verlängerung des irdischen Lebens geführt, aber die Schlange hatte sich nun auch *in ihm* gehäutet. Er nahm sein irdisches Leben wieder auf, den Tod akzeptierend, einbeziehend. Der Zweidrittelgott hat sich dem Menschensein gebeugt, der Eindrittelmensch hat das Göttliche *in sich* erfahren."[26]

Wagnis der Heimkehr: Odysseus

„Der Seele Grenzen kannst du im Gehen nicht ausfindig machen, auch wenn du jegliche Straße abschrittest, so tiefen Logos (Sinn) hat sie."

Diese Erkenntnis des Philosophen Heraklit von Ephesus, ein halbes Jahrtausend vor der Zeitrechnung ausgesprochen, hat an Bedeutung noch nicht eingebüßt. Sein griechischer Landsmann Aristoteles bekräftigt, der „Dunkle von Ephesus", eben Heraklit, habe der Seele eine „arché", d. h. die Stellung eines obersten Prinzips zugeordnet, was wohl nicht als ein Psychologismusvorwurf gemeint sein wird. Immerhin spricht aus Heraklits Wort das Wissen, daß zur Ganzheit seelischer Wirklichkeit auch der letztlich unauslotbare Bewußtseinsuntergrund gehört. Wer „der Seele Grenzen" erforschen will, der muß sich mit der Dimension ihrer Tiefe vertraut machen, ohne deren Gefahren zu scheuen.

Im Mythos stellt sich diese Tiefe nicht allein als Hinabstieg in die Unterwelt dar, sondern oft auch als eine geographisch anmutende Weite. Was in solchen Erzählungen für Landbewohner der undurchdringliche Wald als Bildausdruck des Unbewußten bedeutet, das ist für Küstenbewohner wie die Griechen das Meer. Ihnen tut daher die Seefahrt „not", wenn sie sich der Persönlichkeitsreifung unterziehen wollen. Ferne Inseln und Gestaden, nautische Mutproben und Gefährdungen markieren die Stationen, die sich im Logbuch der Seele festhalten lassen, zwischen Skylla und Charybdis.

Der heldische Prototyp eines solchen Unternehmens ist Odysseus, König von Ithaka, „der Listenreiche". Einst hat er zu den Freiern der schönen Zeus-Tochter Helena gehört, aber dann Penelope zur Frau genommen, die ihm den Telemachos gebar. Nach anfänglicher Weigerung beteiligt er sich mit zwölf Schiffen am Feldzug gegen Troja. Ausfahrt und Kampfbereitschaft sind somit unausweichlich. Der noch jugendliche Odysseus bringt bestimmte Gaben mit. Überall dort, wo List, Klugheit und wagemutiger Einsatz gefordert sind, ist er zur Stelle, ein Typus des jugendlichen Helden. Doch sein Schicksal entscheidet sich erst auf der Heimfahrt nach Ithaka. Erst in der langjährigen Irrfahrt reift er zum vollen Mannesalter.

Diese Odyssee, eine überaus gestalten- und ereignisreiche Folge von Abenteuern, läßt beinahe vergessen, daß es sich um eine Heimkehr handelt. Was den Helden auch hier auszeichnet, das ist sein Geschick, die ihm zugewachsenen Fähigkeiten jeweils effektiv einzusetzen. Das deutet auf die Wachheit seines Ich-Bewußtseins hin. Aber es geht im Epos um mehr als nur um die Darstellung seiner Charaktereigenschaften. So betrachtet wäre er nur einer unter vielen in Geschichte und Gegenwart. Daß die Schicksale des Odysseus wieder und wieder erzählt und schon in der antiken Kunst vielfältig dargestellt wurden, weist bereits auf die transpersonale Archetypik hin, die die Odyssee beherrscht und sie damit zu einem Dokument menschheitlicher Erfahrung macht. Erprobt und ertüchtigt werden soll der Mensch, um so Schritt für Schritt auf dem Weg seiner Individuation voranzukommen.

Immer neue Hindernisse türmt der zürnende Meeresgott Poseidon vor Odysseus und seinen Begleitern auf, ist doch das ungestüme Meer seinerseits ein Gleichnis für die transpersonalen Mächte. Und nicht ungestraft setzt sich das heranreifende Ich-Bewußtsein des Vielgereisten mit ihm auseinander. Das zeigt vor allem eine Episode, die Begegnung mit dem Riesen Polyphem, Poseidons Sohn. Zwar ist der Riese dem Seefahrer an Größe und Kraft bei weitem überlegen. Doch Polyphem ist einäugig, ein Zyklop, d. h. einer mit einem „kreisenden Auge". Dadurch wird ein Bewußtseinsunterschied deutlich. Der „im Kreis Schauende", der zu einem zielgerichteten Wahrnehmen und zu einem schlußfolgernden Denken noch nicht fähige Mensch, ist noch dem prärationalen, dämmerhaften Bewußtsein verhaftet. So gelingt es dem Odysseus, den Riesen durch Verstandeswachheit und durch seine Ich-Kraft zu blenden, sich selbst und seine Gefährten aber zu retten. So kann nicht ausbleiben, daß Poseidon seinen Sohn rächt, indem er die Odysseus-Gemeinschaft mit einer stürmischen See bestraft und ihm immer neue Widrigkeiten in den Weg legt.

Deutet man diese Episode(n) im Sinne von C. G. Jung auf der Subjektstufe, nach der das als äußeres Geschehen Berichtete als eine *innerseelische Tatsache* verstanden wird, dann spielt sich die Odyssee *in* dem Menschen Odysseus ab. Polyphem, das ist dann jene Seelenanlage mit einem atavistischen, veralteten Schauen, das er *in* sich überwinden muß. So sind auch die Widrigkeiten, die Poseidon schickt, Probleme seiner eigenen Psyche. Das Meer des Unbewußten ist es, das er durchfährt. Und was die Blendung des Polyphem anlangt, so ist der Bericht auch von aktueller Zeichenhaftigkeit. Denn immer wieder – so auch heute – besteht die Tendenz vieler Menschen, die reizvoll und „interessant" scheinenden Fähigkeiten eines im Grunde abgelebten alten Hellsehens etc. von neuem zu aktivieren. Doch ein solcher atavistischer Okkultismus widerspricht dem inzwischen eingetretenen Bewußtseinsfortschritt, der zur wachen Ichhaftigkeit des westlichen Menschen geführt hat. Der darf nicht geringschätzig verspielt werden, ist er doch Basis und Ausgangspunkt für eine heute notwendige Spiritualität der Bewußtseinserweiterung und der Persönlichkeitsreifung! Auf das mythische Bild übertragen hieße jenes Festhalten an der überlebten Bewußtseinsart: das Dämmerbewußtsein des Zyklopen in anachronistischer Weise kultivieren und in der schummerigen Höhle des Riesen verbleiben wollen, statt die Bestimmung des Odysseus zu erfüllen. Der Heldenweg des in die Krise gekommenen Menschen duldet indes keinen Aufschub, vor allem keine Regression in die reizvoll anmutende Seelenvergangenheit. Wache Nüchternheit ist hingegen immer wieder geboten, will Odysseus nicht von Kirke in ein Schwein verzaubert oder durch die Verlockungen der Sirenen von seinem inneren Kurs abgelenkt werden.

In dieser Lage kann er auf den Rat des Sehers und inneren Führers nicht verzichten. Deshalb sein Abstieg an den Rand der Unterwelt zu Teiresias, dem alten Weisen. Eine Jenseitsreise, die an den Seelenabstieg des Gilgamesch erinnert, der aus der Tiefe das Kraut der Unsterblichkeit heraufzuholen versucht.

Ein Mythenvergleich zeigt, daß es unterschiedliche Motive und Ziele für den Gang in die Tiefe geben kann. Bei Odysseus ist es offensichtlich der Erkenntniswille, mit dem er seiner endgültigen Bestimmung gewiß zu werden sucht.

Man muß nicht krampfhaft nach der Erlebniseinheit forschen, wo sich in der Odyssee die Lebensmitte-Problematik in charakteristischer Weise abbildet. Dieser Gang in die Tiefe bezeichnet wohl einen Punkt, an dem die neue Ausrichtung auf das anzusteuernde Ziel dringlich geworden ist. Ein Erfahrener ist Odysseus inzwischen längst geworden. Der Abstieg der Seele wird aber gerade dann erforderlich, wenn das bisherige Leben nicht mehr „wie gehabt" so weitergehen soll und wenn sich die Sinnfrage stellt. Was sich bisher „oben", gleichsam in den bewußtseinsnäheren Regionen ereignet hat, das muß zu gegebener Zeit auch „unten", in der Tiefe des Seins, auf der Ebene der Sinnbilder, also *innen,* überprüft werden.

Die Katastrophen scheinen nicht enden zu wollen, je näher der glücklose Seefahrer seinem Ziel kommt. Denn was er bisher besessen, Hab und Gut seiner bisherigen Existenz gehen ihm verloren. Seine Mannschaft verliert er. Als Schiffbrüchigen verschlägt es ihn auf die Insel der Nymphe Kalypso. Sieben Jahre lang vermag ihn diese Todesgöttin an sich zu binden. Aber ihrem Werben widersteht er, d. h. er gibt nicht auf, der Tod kann ihm nichts anhaben. Schließlich gestatten ihm die Götter, die Insel Ithaka zu erreichen. Als ein Fremder, d. h. als ein bis zur Unkenntlichkeit Gewandelter gelangt er zum heimatlichen Grund und Boden. Als ein unbekannter Bettler betritt er sein Haus, in dem Penelope trotz der Zudringlichkeit der Freier die Treue gehalten hat. Der so lange verloren Geglaubte findet die Ganzheit des Lebens in neuer Weise. Was sollte ihm jetzt der tödliche Stachel anhaben können, mit dem ihn Telegonos unerkanntermaßen trifft? Denn auch der Tod und das Sterben gehört zum Heimkommen des Odysseus. Erst Tod und Sterben erfüllen den Prozeß der Individuation ...

„Er ist wahrhaft
der ewige Odysseus,
der über Meere und Monstren siegend
zu einer Heimat zieht,
ungeheuer gefährdet,
aber der Ankunft gewiß,
weil vom Gotte geleitet ..."

Hugo Rahner

Es ist Mal um Mal überraschend, wenn man sieht, wie die großen Texte der Weltliteratur ebenso wie die dem Schoß der Völker entwachsenen Märchen den menschlichen Schicksalsweg in urtümlichen Bildern besingen und sagen. Als seien sie in ihr faszinierendes Thema verliebt – das sind sie ja wirklich! – so setzen die Autoren immer wieder von neuem an, ihre(n) Helden zu beschwören, als gelte es, das eigene Wesensbild immer deutlicher, eindringlicher zu erfassen. Und die Hörer wie die Leser all der Dichtungen wissen oder ahnen es zumindest, daß jeweils ihre *eigene* Sache verhandelt wird. Den zugrundeliegenden psychologischen Tatbestand hat Emma Jung, die Gattin des Psychologen, in allgemeingültiger, die Reifungsproblematik erhellender Weise wie folgt beschrieben:

„Durch das Erscheinen eines archetypischen Bildes wird der Mensch an seine Menschenart erinnert oder an die ihm zugrunde liegende Idee; es werden ihm neue, d. h. bisher nicht erkannte Möglichkeiten sichtbar, und er erfährt über sie einen Kraftzuschuß; denn die Archetypen haben numinosen Charakter und wirken wie eine verborgene Kraftquelle. Wenn in einer rituellen Handlung ein Mythus dargestellt oder, in allgemeinerer, einfacherer und profaner Form, wenn ein Märchen erzählt wird, so besteht für den, der daran Anteil nimmt, d. h. der sich davon berühren läßt, die heilende Wirkung darin, daß er durch diese Anteilnahme in eine archetypische Form des Verhaltens eingeordnet wird und dadurch selber ‚in Ordnung' kommen kann. Dasselbe können auch archetypische Träume bewirken. Ebenso ist dieses ‚In-Ordnung-Kommen' oder ‚Einswerden mit einem höheren Willen' der Inhalt religiöser Erfahrung. – Das Faszinierende und Lebendige an Mythen und Märchen beruht eben darauf, daß sie Urformen menschlicher Erfahrung darstellen. Aus demselben Grund finden sich dieselben Motive auf der ganzen Welt verbreitet."[27]

Das Gesagte trifft in hohem Maße auf die Gralserzählungen zu. Mehrere Traditionsstränge, westliche, aber auch östliche, laufen in ihnen zusammen und komponieren jeweils ein neues facettenreiches Gemälde von einem, der auszog, um ritterlichen Ruhm zu erwerben, einem, dem es beschieden war, den Gral zu suchen. Er – *Perceval* in der Dichtung des Nordfranzosen Chrétien de Troyes, *Parzival* bei Wolfram von Eschenbach – verkörpert einen Menschen, der seinem wahren Selbst auf die Spur kommen möchte. Anfangs geschieht alles absichtslos und wie zufällig. Erst später fällt Licht auf den Weg der vielen Abenteuer.

Zuerst ist da der schützende, bergende Wald, eine mütterliche, zugleich von Unbewußtheit eingehüllte Welt, die den jungen Parzival umgibt. Die Mutter, eine Witwe, will ihr Kind vor der gefährlichen Welt schützen. Er bliebe – ähnlich den Dummling-Figuren in den Volksmärchen – ein unerfahrener Tölpel, fände er nicht den Weg in die Welt mit ihren Widerständen, an denen sein Ich aufwachen und sich ertüchtigen kann. Der Vaterlose, gerade er ist zum Helden prädestiniert. Gerade er hat die Chance, sich den Vater zu ersetzen, indem er ihn – in sich – erzeugt, und mögen die Umwege noch so groß sein. Das gilt auch für das konkrete Leben, wie die Erfahrung immer wieder zeigt. Wir kennen den self-made-man und natürlich gleicherweise die self-made-woman, die vaterlos sich selbst den Weg in die Welt gebahnt haben, ohne „gute Beziehungen" gehabt zu haben oder protegiert worden zu sein. Auf einem anderen Blatt steht freilich, ob es ihnen gelingt, auch auf dem *inneren* Weg voranzukommen, wie dies die zweite Lebenshälfte als Aufgabe nahelegt. Selbstverständlich ist das keineswegs, bedenkt man, daß ein solcher „Pioniertypus“ der Gefahr ausgesetzt ist, die *Art* seiner Aktivität bis weit über die Lebensmitte hinaus fortzusetzen und darüber die rechtzeitige Umpolung zu versäumen, die für die Persönlichkeitsreifung unerläßlich ist.

Doch nun wieder zurück zu dem jungen Parzival, dem die Welt offensteht: Das Bild der Ritterschaft taucht vor ihm auf. Der Knabe ahnt, daß seine Bestimmung mit deren Tun zusammenhängen müsse. Aus dem Zusammenhang wird klar, daß der Ritter den Typus des idealen Menschen repräsentiert. So tölpelhaft die ersten „Taten“ des angehenden Ritters auch sein mögen, das Urbild und Zielbild Parzivals enthüllt sich ihm ebenfalls: die Tafelrunde des Königs Arthur mit seinen zwölf ritterlichen Gefährten. Noch ist dem Anfänger nicht bewußt, welch ein bedeutungsvolles Ganzheitsbild diese(s) Runde in Verbindung mit der kosmischen Zwölfheit darstellt. So stürmt er in die Weite, tötet den roten Ritter und gewinnt die schöne Kondwiramur (bei Chrétien: Blancheflur). Der Muttersohn hat zur Frau (Anima) gefunden und im roten Ritter ist ihm ein Aspekt seines Ander-Ich (Schatten) begegnet, mit dem er „fertig werden“ muß.

Ein wichtiger Moment auf dem Parzival-Weg ist erreicht, als der Umherschweifende in den Bezirk eintritt, in dem sich sein künftiges Leben entscheiden soll. Es ist der Mysterienbereich des Heiligen Grals. Bei Chrétien ist es eine wundersame Schale, ein Kelch; bei Robert de Boron der Kelch, der das Blut Jesu birgt; bei Wolfram ein ebenfalls wunderwirkender Stein. Und da ist vor allem der von einer Lanze verletzte, der leidende Burgherr Amfortas. Vor Parzivals Augen vollzieht sich ein eigentümlicher, vom Schleier des Geheimnisses verhüllter Kultus. Aufgabe des ahnungslosen Ritters wäre es, die entscheidende, zugleich das Schicksalsrätsel des Amfortas lösende Frage zu stellen. Aber die mittlerweile erlangte höfische, also

Paolo Uccello (15. Jh.), Der Hl. Georg kämpft mit dem Drachen

Der Heldenmythos symbolisiert den mühsamen Weg der Menschwerdung und Reifung angesichts schwieriger Lebensaufgaben. Der Kampf zwischen dem Helden und dem Drachen ist ein „Befreiungskampf" des Ich gegen die dunklen und destruktiven Aspekte seiner Persönlichkeit.

konventionelle Erziehung verbietet ihm, „durch Mitleid wissend“ zu werden. Noch ist er nicht imstande, die lösende Frage zu stellen. Der Held auf der Gralssuche hätte nun gerade die konventionellen Verhaltensweisen des Kollektivs zu relativieren und seines individuellen Lebensauftrags (Individuation) inne zu werden. So sind weitere Aufgaben zu erfüllen und eine Reihe weiterer Abenteuer zu bestehen, ehe Parzival das Wort der Entzauberung zu sprechen vermag und seiner inneren Verwandtschaft mit der Gralsgemeinschaft bewußt wird. Diese Bewußtwerdung ist beides: von ihr geht eine heilende Kraft aus, und sie entspricht einer Erkenntnis, die die Erfüllung des Lebenssinnes in sich schließt.

Das Signum des Heroischen ist schon dem Perceval-Parzival-Namen eingeprägt. Die Vorsilbe „Per“ (= durch), die sich schon in dem bretonischen Märchen von „Peronnik“, einer Vorstufe zu Perceval, findet, zeigt die Lebensaufgabe an. Geht es doch darum, *hindurchzudringen* durch die undurchdringlich scheinenden Hindernisse des Wegs: von der Tumbheit des unbewußten, unerfahrenen Jungen zur Beziehungs- und Erkenntnisfähigkeit des zur Persönlichkeit Gereiften, dessen Name auf dem Gral als Inbegriff des Selbst erscheint.

Aufbruch zur Chymischen Hochzeit: Christian Rosenkreuz

Welchen inneren Weg muß ein Autor beschreiten? Welche Eigenerfahrungen muß er gemacht haben, um für Schilderungen von der Art legitimiert zu sein, wie wir sie von den Schöpfern der großen Menschheitsepen und Mysterienromanen her kennen?

Zweifellos sind hier Elemente der Selbst-Erfahrung von unschätzbarem, weil unersetzlichem Wert. Und doch geht es nicht allein darum, ein bestimmtes Pensum jener typisch-archetypischen Erfahrungen absolviert und integriert zu haben. Mindestens ebenso wichtig ist das inspirative Hereinwirken archetypischer Bilder und Symbole in das dichterische Schaffen. Daher kann der Fall eintreten, daß ein noch wenig erfahrener junger Mensch vom Archetypus des Heldenwegs gleichsam eingeholt und ergriffen wird. Er verspürt eine innere Nötigung, seinen „großen Traum" aufzunehmen und literarisch-künstlerisch zu gestalten. Die Wirkung, die dann eine solche Schöpfung auf die Mit- und Nachwelt auszuüben vermag, ist ein Indiz für die Authentizität und Gültigkeit des Geschaffenen. Was diesen einen ergriffen hat, das vermag auch andere zu beeindrucken und in Bewegung zu bringen.

Als ein Beispiel hierfür kann der schwäbische Theologe Johann Valentin Andreae (1586–1654) gelten. Als junger Mann stand er zwar in regem geistigen Austausch mit humanistisch-pansophisch ausgerichteten Gelehrten. Aber letztlich war es der jugendliche Andreae, der den Traum von einer idealen Gemeinschaft träumte, in deren Mitte – gleichsam als die archetypische Gestalt eines Erneuerers – Christian Rosenkreuz steht. Drei Schriften sind es, die Andreae wenige Jahre vor Ausbruch des Dreißigjährigen Krieges – also noch vor der Lebensmitte stehend – anonym herausgab, sie gaben alsbald den Impuls für die vielverzweigte (auch unterschiedlich zu wertende!) Rosenkreuzer-Bewegung: „Fama Fraternitatis" (Gerücht von der Bruderschaft, 1614), „Confessio Fraternitatis" (Bekenntnis der Bruderschaft, 1615) und schließlich der einige Jahre zuvor verfaßte, 1616 erstmals veröffentlichte Mysterienroman „Chymische Hochzeit Christiani Rosencreutz anno 1459".[28]

Wie man weiß, hat J. V. Andreae in jungen Jahren verschiedene Reisen unternommen und sich in der Welt umgesehen. Die Reise seiner Idealgestalt Christian Rosenkreuz ist von anderer Art. An „sieben Tagen" absolviert er einen Weg ganz anderer Art. Ist es bei Parzival die Suche nach dem Gral, so bei ihm der Aufbruch zur Hochzeit von König und Königin. Damit ist in märchenhafter Weise auf den Prozeß einer Vermählung hingedeutet, der „innen“ beginnt, der aber zugleich auch „chymischer“ Natur ist, d. h. die Bereiche der Schöpfung und der Materie sind einbezogen, nämlich im Sinne der spirituellen Alchymie.

Und so fängt Andreaes Dichtung an, indem sie einen Geistessucher im vorgerückten Alter schildert:

„An einem Abend vor dem Ostertag saß ich an einem Tisch. Ich hatte mich meiner Gewohnheit nach mit meinem Schöpfer in meinem demütigen Gebet genugsam ausgesprochen und vielen großen Geheimnissen, deren mich der Vater des Lichts, seine Majestät, nicht wenige hat sehen lassen, nachgedacht. Als ich mir nun meinem lieben Osterlämmlein ein ungesäuertes, unbeflecktes Küchlein in meinem Herzen zubereiten wollte, kommt mit einem Mal ein so grausamer Wind daher, daß ich nicht anders meinte, als daß der Berg, darein mein Häuslein gegraben ist, vor der großen Gewalt zerspringen müßte. Weil mir aber solches der Teufel, der mir manches Leid getan, nichts antat, faßte ich einen Mut und blieb bei meiner Meditation, bis mich – wider meine Gewohnheit (d. h. unvermutet) – jemand am Rücken berührte, davon ich dermaßen erschrocken, daß ich mich kaum umzusehen traute ... Da war ein herrlich schönes Weibsbild, deren Kleid ganz blau und mit goldenen Sternen, wie der Himmel, zierlich besetzt gewesen ...“

Die barock-umständliche Schilderung trägt zwar märchenhafte Züge, doch ist schon von Anfang an deutlich, daß es sich um eine meditative Seelenverfassung handelt, in der sich Christian Rosenkreuz befindet. Und wie der Fortgang zeigt, ist er bereit, die Botschaft des „herrlich schönen Weibsbildes“ entgegenzunehmen und sich zur geheimnisvollen Hochzeit einladen zu lassen. Diese Anima-Gestalt steht gleichsam auf der Schwelle, die die

Meditationsstube und den bevorstehenden Weg trennt. Tatsächlich ist es (nach C. G. Jung) die Anima, die zwischen dem Alltagsbewußtsein und den Regionen des Unbewußten vermittelt.

In der weiteren Folge seiner Schilderungen berichtet nun der Ich-Erzähler als Christian Rosenkreuz von seinen Erfahrungen, die er unterwegs zur königlichen Hochzeit macht. Es sind Gefahren zu bestehen, es gibt Fragen und Zweifel, Versuchungen, Ängste, aber auch Beglückungen. Die vielen Episoden, die Rosenkreuz erlebt, nehmen immer mehr den Charakter eines alchymistischen Wandlungsprozesses (Transmutation) an. Ein eigenartiges Schauspiel wird aufgeführt, das in sieben Akten sieben Werdestufen des herzustellenden „Steins der Weisen" (lapis philosophorum) zur Anschauung bringt. Auch wird immer klarer, daß es sich letztlich nicht um ein äußerliches Laborieren handelt, sondern um Vorgänge, die den auf dem Wege befindlichen Menschen selbst betreffen, so mirakulös sie im einzelnen scheinen mögen.

Rosenkreuz ist Betrachter der Hochzeitsvorbereitungen, und doch spielt sich das Eigentliche auf der inneren Bühne ab. Eigenartiges, zugleich Schmerzliches passiert; er muß z. B. erleben, wie die ganze Königsfamilie enthauptet wird. Er, der Hochzeitsgast, soll den eben Begrabenen paradoxerweise wieder zum Leben verhelfen. Alchymistisch betrachtet handelt es sich um bestimmte Stadien des Werks (opus alchymicum), nämlich um den Übergang von der Schwärzung (nigredo) zur Weißung (albedo). Das Auferstehungsmotiv klingt an.

Das Resultat des gemeinsamen Laborierens ist eine Erscheinung von besonderer Art. Der wundersame Vogel Phönix taucht auf, seinerseits ein Symbol der Wandlung, der Auferstehung und der Erneuerung des Lebens aus der Asche. Das Blut dieses Vogels bewirkt schließlich die Erweckung der Getöteten. Das will besagen: Ohne Opfer, ohne Verzicht auf „Herzblut" ist kein neues Leben möglich, das neue Leben der Selbst-Werdung (Individuation). Das ist gemeint, wenn der paracelsische Arzt Gerhard Dorn (Dorneus) das alchymistische Werk dieser Selbst-Werdung mit der Aufforderung begleitet:

> „Transmutemini in vivos lapides philosophicos – Verwandelt euch selbst in lebendige philosophische Steine!"

Und diese Stein-Bereitung besteht eben darin, daß eine „Vermählung" im Menschen selbst vor sich geht, bei der polar Entgegengesetztes zur Ganzheit zusammengefügt werden soll: Was im symbolischen Bild König und Königin ist, das entspricht gemäß der Symbolik der Chymischen Hochzeit der Vereinigung von Kopf und Herz, von Innen und Außen, von Geist und Materie. Auf den menschlichen Reifungsprozeß bezogen, heißt das beispielsweise, daß die bisher dominierenden Verstandeskräfte mit den Kräften des Gefühls und der Intuition verbunden und dadurch ergänzt werden. Und die bisher vorherrschende Seelenhaltung der Wendung nach außen (Extraversion) ist durch eine Introversion zu harmonisieren. Die Aktivität des Alles-machen-Wollens soll gewiß nicht in Passivität umschlagen. Aber zur Reifung des Menschen gehört auch diese Harmonisierung von Aktion und Meditation, von Äußerung und Innerung. Was das für den einzelnen konkret bedeuten mag, muß nicht von außen her verordnet werden. Das ergibt sich in der Selbstbetrachtung, wie sie der besinnliche Christian Rosenkreuz in seiner Klause anstellt und mit sichtlicher Erschütterung durchlebt. Es ist seine Weise, den spirituellen Heldenweg zu gehen und schließlich „heimzukommen", d. h. sein eigentliches Selbst zu finden.

Macht man sich das klar, und seien es nur einzelne Episoden und Durchgänge seines Erlebens, dann handelt es sich nicht etwa um abseitige Schilderungen, die mythisch-märchenhafte Züge tragen. Wir blicken eher in einen Spiegel. Wohl machte man sich es zu einfach, sagte man: jede(r) ist Rosenkreuz, jeder ist Parzival, Odysseus oder Gilgamesch. Aber es gibt konkrete Lebenssituationen, deren Rätselhaftigkeit mit einem Male durchsichtig werden kann, wenn man sie einmal ans Licht einer solchen Schilderung stellt. Das ist bekanntlich ein Verfahren der Analytischen Psychologie C. G. Jungs, bei dem man die Botschaften des Unbewußten mit derlei Traditionsgut „anreichert", um z. B. schwer verständliche Traumsequenzen besser verstehen zu lernen.

Abschließendes zum Heldenweg

Wer bis hierher gefolgt ist, kann die berechtigte Frage stellen, warum nur männliche Gestalten und deren Weg betrachtet worden sind. Dafür ließen sich verschiedene Gründe anführen, weil etwa das Heldenmotiv in der Überlieferung eben meist durch Männer verkörpert wird, oder weil der Autor nicht verleugnen kann, als Mann geschrieben zu haben. Wichtiger dürfte indes der Hinweis sein, daß das für die Individuation erforderliche Heldentum im Grunde an kein Geschlecht gebunden ist. Jeder ist dazu geboren.[29] Und auch wenn nicht jeder als Gilgamesch, Odysseus usw. zu identifizieren ist, so gibt es doch archetypische Grundmuster, die im menschlichen Schicksal ihren Niederschlag finden. Solche Momente sind:

- ☆ die Einsicht, daß das bisherige Leben einen Wendepunkt erreicht hat, der eine Entscheidung verlangt;
- ☆ daß ein Aufbruch zu neuen Horizonten gewagt werden muß;
- ☆ daß die bisherigen Konventionen, auch die Instanzen und Autoritäten nicht länger richtungweisend sein können;

☆ daß Widersprüche bewußt werden und Risiken aller Art einzugehen sind;
☆ daß Liebgewordenes preisgegeben und Opfer gebracht werden müssen;
☆ daß Einsamkeitserlebnisse auftreten und man auf sich selbst verwiesen ist, weil der Auszug „aus der Heimat in die Heimatlosigkeit“ erfolgt.

Das Bewußtsein, „von Gott und der Welt verlassen“ zu sein, ist aber zugleich ein Indiz dafür, daß nach der Aufgabe der alten Sicherheiten eine neue Gewißheit aufkeimt. Die Gewißheit wächst, trotz Widrigkeiten, Hemmnissen, Proben und Niederlagen auf dem rechten Weg zu sein. Das Leben auf dem Individuationsweg wird zwar schwerer, aber auch reicher. Das Ich-Opfer führt zum Gewinn des Selbst. Nun wird erfahrbar, was die erste Seligpreisung – zumindest auch – besagt:

„Selig sind, die geistlich arm sind – die Bettler um Geist; die für den Geist Offenen – denn das Himmelreich ist ihrer!“ (Matth. 5,3).

Oder mit Paulus:

„Ob auch unser äußerlicher Mensch verfällt, so wird doch der innerliche von Tag zu Tag erneuert“ (2. Kor. 6,16).

Der innere Gefährte

Lehrer- und Führergestalten, Erzieher, Anleiter und Meisterpersönlichkeiten sind für die menschliche Entwicklung auf allen Ebenen der Sozialisation von großer Wichtigkeit. Jeder, auch wer etwa den Vater oder die Mutter in seiner Kindheit entbehren mußte, kann auf den einen oder anderen Menschen verweisen, der ihm in irgendeiner Weise hilfreich war, indem er ihm Anregungen oder weiterführende Anstöße gegeben hat. Auch das Schicksal mit seinen ungezählten Konstellationen pflegt als Lehrmeister zu wirken. Nach einem Wort des Novalis leben wir geistig von dem, was uns andere in entscheidenden Augenblicken unseres Lebens gegeben haben.

Zweierlei Meisterschaft

Nun wirken sich zwei gegensätzliche Tendenzen aus: Die eine entspricht dem ganz natürlichen Streben eines jungen Menschen, endlich einmal dem Elternhaus, der Schule und den „Lehrherren" zu entwachsen und „sein eigener Herr, die eigene Chefin" zu werden. Die alte Handwerkstradition bildete die drei Stufen der Entwicklung ab: Man begann als auszubildender Lehrling; dann hatte man sich als Geselle „auf der Walz" („Auf, du junger Wandersmann ...!") bei fremden Meistern zu bewähren, bevor man zur eigenen Meisterschaft aufsteigen und damit die volle berufliche und bürgerliche Selbständigkeit erlangen konnte. Süß ist die Freiheit!

Die andere Tendenz ist eher von problematischer Natur, sei es, daß man von einem Meister zum anderen unterwegs ist, weil man sich für keinen entscheiden kann, weil keiner das erforderliche Vertrauen zu verdienen scheint; sei es, daß man sich einem Lehrer vertrauensvoll anschließt, indem man auf die Worte seines Meisters schwört und darüber die ersehnte Freiheit nach lebenslanger Gängelung vergißt.

Diese Erscheinung ist nur allzu bekannt, denkt man an gewisse Gurus, nicht nur fernöstliche, die sich als spirituelle Lehrer verstehen. Unnötig zu sagen, daß nicht jeder diesem hohen Anspruch, ein Guru (Meister des Weges) zu sein, entspricht. Statt den von ihm gewiesenen Weg zu gehen und sein weiteres seelisch-geistiges Leben in eigene Regie zu nehmen, läßt man sich oft zu den Füßen eines solchen Weg-Weisers nieder. Faktisch entspricht das einer Stagnation, wenn nicht einer Regression, also einem Rückschritt oder einer Flucht vor der Wirklichkeit. Ohne es zu wollen, werden selbst richtunggebende legitime Führergestalten und „Geistesforscher" zu Ver-Führern. Ihre Impulse werden nicht (immer) umgesetzt. Ihre Führungskraft verkommt zu einer nutzlosen, lebensfremden Theorie. Friedrich Nietzsche wußte schon, wovon er sprach, wenn er seinen eigenen Jüngern, den allzuvielen, die Mahnung einzuprägen suchte: „Man vergilt einem Lehrer schlecht, wenn man immer nur der Schüler bleibt. Und warum wollt ihr nicht an meinem Kranze rupfen? Ihr verehrt mich; aber wie, wenn eure Verehrung eines Tages umfällt? Hütet euch, daß euch nicht eine Bildsäule erschlage ...!"

Wer indes eine Lebensrückschau hält, auch einmal eine Zwischenbilanz zieht, und insbesondere die Widerstände und Hindernisse, nicht am wenigsten die Umwege betrachtet, die er bewältigen mußte, der wird die (offensichtlichen oder vermeintlichen) Negativseiten seines Schicksals anders bewerten als zu dem Zeitpunkt, an dem sie auftraten. Vieles entpuppt sich alsdann als eine glückliche „Fügung", als ein erstaunlicher Glücksfall. Ja, selbst schuldhaftes Verhalten erweist sich bisweilen als „felix culpa“, als eine glücksbringende Schuld. Was ist geschehen?

Sieht man einmal von der immer wieder geübten nachträglichen Verklärung einer schwierigen Situation ab – „ich möchte jene Zeit nicht missen“ – dann stößt man auf einen Tatbestand bzw. auf einen Faktor, der unterschiedlicher Deutung zugänglich ist. Man hat den Eindruck, daß ein bestimmtes Mißgeschick oder eine Kette „unglücklicher Verflechtungen“ von unsichtbarer Hand gelenkt und zum Guten gewendet worden ist. Nicht blinder Zufall hat gewaltet, sondern eine sinngebende, ordnungstiftende Schicksalsfügung hat eingegriffen. Der religiöse Mensch vertraut auf die Liebe Gottes, auf Gottes gnädige Führung und Geleit. Mythos und Märchen kennen hilfreiche Geister, die gerade in dem Augenblick zur Stelle sind und gütig eingreifen, wenn es weder einen Ausweg noch eine Aushilfe in der Not zu geben scheint.

In tiefenpsychologischer Betrachtung kommen die „guten Geister“ aller Art letztlich nicht von außen heran. Sie sind in der menschlichen Seele beheimatet. Von hier wurden sie von uns als die „gute Fee“, als der „Schutzengel“ oder als der „getreue Eckhart“ auf eine imaginäre Wand projiziert, so daß sie als selbständige Wesen erscheinen.

Was uns die Überlieferung aufbewahrt hat, das überliefern gleichsam von neuem unsere Träume Mal um Mal. Sokrates wußte oder ahnte zumindest, daß der ihm ratende Dämon mit ihm so sehr verbunden ist wie die inspirierenden Musen, die Homer und andere antike Dichter anzurufen pflegten, ehe sie ans Werk gingen. Oder um es mit Erich Neumann zu sagen: „So wie wir wissen, daß in Indien und ebenso bei den Kabbalisten ‚innere‘ Führergestalten die einweihende Gestalt äußerer Führer ersetzt haben, finden wir auch im Individuationsprozeß, daß innere Figuren die Leitung des psychischen Geschehens übernehmen ..."[30] Sie können eine gestaltlose Stimme sein oder sie können die Gestalt eines Freundes annehmen. Entscheidend ist, daß wir der Führungskraft jener unbekannten inneren Instanz vertrauen und das Geleit auf den oft so verschlungenen Wegen annehmen, die uns das Schicksal vorgezeichnet zu haben scheint. Diese bekanntermaßen überaus schwierige Prozedur gehört zum Pensum des Individuationsweges, der mit der Lebensmitte in eine entscheidende Phase eintritt. –

Von einem inneren Gefährten oder einem inneren Meister zu sprechen, ihm auch noch vertrauen, als entspräche er einer realen Persönlichkeit, wirkt auf viele wie eine unannehmbare Zumutung. Was also liegt hier vor, sofern dergleichen nicht ins Reich bloßer Phantasie und Mutmaßung zu verweisen ist?

Eines steht fest: So wie dem menschlichen Reifungsprozeß die Überzeugung zugrundeliegt, daß seelisches Leben bis zu seinem physischen Ende sinnerfüllt ist und auf ein Ziel, auf *sein* Ziel zusteuert, so ist auch klar, daß diese Ziel- und Sinnbezogenheit nicht von einem individuellen Ich erdacht oder gelenkt sein kann.

> „Hast du nicht alles selbst vollendet,
> Heilig glühend Herz",

so der prometheisch-unreife Goethe (1774), als könne sich dieses Ich alles schöpferisch Bedeutsame zuschreiben. Was für ein Irrtum! Nein, hier ist das Selbst als eine übergeordnete und zugleich anordnende Instanz am Werk. Von daher gesehen wird einsichtig, wenn Jung das Selbst im Bereich der christlichen Tradition mit Christus, im fernen Osten dagegen mit Buddha identifiziert, bzw. in ihnen jeweils die religiöse Entsprechung zum innerseelischen Tatbestand erblickt. Spiritualität und Selbst-Werdung grenzen so immer wieder aneinander.

Zumindest angemerkt sei, daß die aus diesen Ausführungen herauslesbare Schicksalsergebenheit keinesfalls unproblematisch ist, bedenkt man, daß derlei Deutungen als Aufruf zur Passivität mißverstanden werden können. Diese ist aber nicht gemeint. Zugemutet wird uns die Paradoxie, im Tun das Nichts-Tun und in der Aktivität das Lassen zu praktizieren. Konkretisieren kann sich dies als eine Tugend der Lebensmitte, etwa im Verzicht auf den Durchsetzungswillen „um jeden Preis" oder im Verzicht auf das fortwährende Rechtbehalten, vor allem im Ausgleich zwischen dem Vollzug des äußeren Werks und dem Beschreiten des inneren Weges. Karlfried Graf Dürckheim hat diese doppelte Verpflichtung einmal so beschrieben:

„Es steht der Mensch in einem doppelten Auftrag: die Welt zu gestalten im *Werk* und zu reifen auf dem *inneren Weg*.

Die Welt verlangt vom Menschen, daß er sich in ihr leistungskräftig durchsetze und einordne, daß er sich in ihr zuverlässig und gestaltungsmächtig im Dienste der Gemeinschaft und überdauernder Werte bewähre. Das in unserem Wesen gegenwärtige Sein verlangt unter Umständen, jedem Anspruch der Welt zu widersprechen und sich gegebenenfalls gegen die Gemeinschaft zu entscheiden.

Am Ende aller allein vom Heimruf des Wesens bestimmten Entwicklung steht der Mensch, der dann nicht nur von aller Weltabhängigkeit befreit ist, sondern sich auch vom Zwang aller Weltverpflichtung entbunden hat. Gelöst von aller Welt, eingegangen ins Sein, hörte er mitten unter uns auf, ein Mensch zu sein. Etwas von der Sehnsucht dahin ist in jedem Menschen enthalten ..."

Und weiter:

„Die Verankerung im Wesen ist kein Widerspruch zu den Forderungen der Welt, sondern gerade die Voraussetzung, ihnen in der rechten, das heißt dem Wesen gemäßen Weise zu genügen. Erst aus der Fühlung mit dem Wesen *in uns* kann die Welt selbst in *ihrem* Wesen wahrgenommen werden.“[31]

Zum Beispiel C. G. Jung

Nachdem die Archetypische Psychologie von Carl Gustav Jung in der bisherigen Darstellung wiederholt zu Rate gezogen wurde, fragt sich, wie der Prozeß der Wandlung und der Selbstwerdung bei ihm selbst verlaufen ist. Dabei ist der besondere schicksalhafte Ausgangspunkt zu berücksichtigen: die Kindheit und frühe Jugend als Pfarrerssohn[32], d. h. in kirchlicher Umgebung, die Konfrontation mit den Elementen der Tiefe, das Interesse an der Natur- und Geisteswissenschaft, das zur Psychiatrie und Psychoanalyse führte; dann die entscheidende Begegnung mit Sigmund Freud. Doch schon nach wenigen Jahren der intensiven Zusammenarbeit sollte die Trennung in dem Augenblick unumgänglich werden, in dem Jung die Lebensmitte erreicht hatte.

In der Welt der Mütter und Väter

„Vater und Mutter sind nicht nur persönliche Größen, sondern haben auch überpersönliche Bedeutung und werden daher vielfach als Symbole für die Gottheit verwendet. Auf diese Weise kehrt die unwillkürliche religiöse Weltanschauung, die vorne aus dem Hause hinausgeworfen wurde, durch die Hintertüre wieder hinein, allerdings in seltsam geänderter Gestalt, so geändert, daß niemand es bisher gemerkt hat . . ."[33]

Diese Bemerkung findet sich in einem Brief aus dem letzten Lebensjahr des 85jährigen Carl Gustav Jung. Sie zeigt an, welche Dimension das Bild des leiblichen Vaters für den Tiefenpsychologen haben konnte, und auch tatsächlich gehabt hat. Damit sind wir schon beim Problem: Jung stammt aus einem reformierten Pfarrhaus. Auf

Grund seiner eigenen Schilderungen in „Erinnerungen, Träume, Gedanken“ bekommen wir ein recht eindrückliches Bild von dem schweizerischen Landpfarrer Johann Paul Achilles Jung (1842–1896), dem Vater, und von der in der Familie zweifellos dominierenden Mutter. Auch für die mütterliche Dominanz gibt es – abgesehen von verschiedenen früheren Schilderungen – einen bemerkenswerten Beleg des Greises, wenn Jung geradezu von einem „Mutterkomplex“ spricht, der sein Leben und Schaffen nachhaltig beeinflußt habe.[34]

Freilich muß man sich vor dem Mißverständnis hüten, die starke Affinität Jungs zur Welt des Religiösen rühre allein schon von der Tatsache her, daß er Pfarrerssohn sei und die Religiosität gleichsam mit der Muttermilch eingesogen habe. Das ist nicht der Fall. In seinen autobiographischen Aufzeichnungen erinnert Jung selbst daran, daß nicht nur der eigene Vater Theologe gewesen sei, sondern auch der Großvater mütterlicherseits und noch etliche nahe Verwandte. Liest man, wie der kleine Junge im Umkreis von Pfarrhaus, Kirche und Friedhof eine Reihe von erschütternden Beobachtungen machte, wie er von Träumen und Alpträumen, von schlimmen Ahnungen heimgesucht wurde, die alle irgendwie mit dem Geheimnis des Gottesglaubens, auch mit dem Beruf des Vaters zusammenhingen, dann sollte man annehmen können, daß ihm am nötigen geistlichen Beistand nicht gemangelt haben dürfte. Doch davon konnte gerade nicht die Rede sein. Der Junge mußte selbst eine Antwort finden.

Da tauchte die Gestalt des „Herrn Jesus“ auf. Dieser Jesus war dem Kind zwar schon von den abendlichen Gebetsversen her bekannt. Doch dieser Jesus flößte ihm eher Schrecken und Mißtrauen ein, statt Trost und Geborgenheit zu vermitteln. Zu diesem „ersten bewußten Trauma“ kam, daß der im schwarzen Talar amtierende Vater in rätselhafter Weise mit diesem nicht ganz geheuren „Herrn

Jesus“ im Bunde zu stehen schien. Dazu wurde er noch assistiert von ebenfalls schwarz gekleideten Männern, die hin und wieder einen Sarg in die Erde versenkten. Solche und ähnliche Erlebnisse hinterließen unauslöschliche Eindrücke: „Der ‚Herr Jesus‘ ist mir nie ganz wirklich, nie ganz akzeptabel, nie ganz liebenswert geworden, denn immer wieder dachte ich an seinen unterirdischen Gegenspieler, als an eine von mir nicht gesuchte, schreckliche Offenbarung“, heißt es in den Lebenserinnerungen.[35]

Dieser unterirdische Gegenspieler war, wie Jung erst sehr viel später einsehen lernte, ein ritueller Phallus, „ein unterirdischer, nicht zu erwähnender Gott“, der im ersten lebhaft erinnerten Kindheitstraum in einem Erdloch emporragte und die Phantasie des Kindes aufrührte.

Der Junge gab sich zwar Mühe, ein positives Verhältnis zu dem verkündigten Christus zu gewinnen – was erwartet man anderes von einem Pfarrerssohn? – doch das dafür veranlagte Mißtrauen wollte nicht verschwinden. Der Religionsunterricht langweilte unsäglich. Offenbar war das dort zu Hörende mit dem in Träumen und im Alltag Erlebten nicht in Einklang zu bringen. Der unerläßliche sonntägliche Gang zur Kirche, ausgenommen an Festtagen, etwa an Weihnachten, war von deutlichen Unlustgefühlen begleitet.

Viel näher, viel vertrauter wurde dem an Pflanzen, Tieren und Steinen interessierten Jungen indessen die Welt des Geheimnisvollen. Und eine kultusentleerte reformierte Kirche birgt eben kein Geheimnis ...

Schließlich war dieser Junge durch den erwähnten Initialtraum in die Geheimnisse der Erde, die Welt der Mütter eingeweiht. „Es war eine Art Initiation in das Reich des Dunklen. Damals hat mein geistiges Leben seinen unbewußten Anfang genommen“, schreibt der Autobiograph.[36] Die lebensferne Welt der Väter, die Welt einer abstrakten Theologie stand dem entgegen.

Hingegen erzeugte das rein Lehrmäßige an der Religion ein ähnliches Unbehagen wie die ersten Kindheitseindrücke von „Jesus". Etwa vom 11. Lebensjahr an spielte die Gottesfrage eine zunehmende Rolle, indem sie neue Probleme, Besorgnisse und Ängste verursachte, andererseits aber auch Durchblicke eröffnete und zu religiösen Erfahrungen anregte. Doch das Mißtrauen und Unbehagen betraf mehr, ja ausschließlich die von außen an den Jungen herangetragene Form der Kirchlichkeit in Elternhaus, Schule und Gottesdienst. Die ganz anders geartete Welt der Mysterien, in der der Junge lebte, schien sowohl dem Vater als auch den theologischen Verwandten völlig fremd zu sein. Dagegen hatte noch die Mutter einen instinktiven Zugang zu der Sphäre, in der ihr Kind beheimatet war. Jung erinnert sich:

„Damals kamen auch profunde Zweifel an allem, was mein Vater sagte. Wenn ich ihn über Gnade predigen hörte, dachte ich immer an mein Erlebnis. Was er sagte, klang schal und hohl, wie wenn einer eine Geschichte erzählte, die er selber nicht ganz glauben kann oder nur vom Hörensagen kennt."

Jung schreibt dann in seinen Lebenserinnerungen davon, wie er, der Schuljunge, dem Vater, dem Theologen und beamteten „Diener der Kirche" habe „helfen" wollen. Wie immer sich dies für das Bewußtsein des Sohnes konkret dargestellt haben mag, so dürfte doch feststehen, daß hier religiöse *Erfahrung* und dort ein theologisches *Wissen*, das dieser unmittelbaren Erfahrung entbehren mußte, miteinander konfrontiert waren. Und Jung fährt an der bezeichneten Stelle seiner Aufzeichnungen fort:

„Ich habe später, als ich achtzehn Jahre alt war, viele Diskussionen mit meinem Vater gehabt, immer mit der heimlichen Hoffnung, ihn etwas von der wunderwirkenden Gnade wissen zu lassen und ihm dadurch in seinen Gewissensnöten zu helfen. Ich war überzeugt, daß, wenn er den Willen Gottes erfüllte, sich alles zum Besten wenden würde. Unsere Diskussionen hatten aber immer ein unbefriedigendes Ende."[37]

So sah sich der Heranwachsende mit Realitäten konfrontiert, die ihn selbst zutiefst angingen, über die er mit einem Wissenden gerne gesprochen hätte. Doch er sah sich allein gelassen. Was Jung als Problem und als Einsicht, oder als Ahnung aufgegangen war, das zwang ihn – man kann sagen: lebenslang – zur Einsamkeit. Jedenfalls weisen spätere Zeugnisse in diese Richtung. Und wenn man einmal daraufhin den Jungschen Briefwechsel durchsieht, dann ist andererseits die Freude bei Jung übergroß, wenn er einem Briefpartner sagen kann, er sei „ein weißer Rabe", einer der ganz Wenigen, die ihn verstanden hätten...

An dieser Stelle sei an eine frühe Arbeit erinnert, die der 34jährige C. G. Jung, also angesichts der Lebensmitte, über „die Bedeutung des Vaters für das Schicksal des einzelnen" (1909) schrieb. Dort heißt es unter anderem:

„Wenn wir je eine dämonische Schicksalsmacht am Werke sehen wollen, so sehen wir sie hier in diesen düsteren und schweigsamen Tragödien, die sich langsam und qualvoll in den kranken Seelen unserer Neurotiker vollenden... Wenn wir Normale unser Leben durchforschen, so sehen auch wir, wie eine mächtige Hand uns unfühlbar zu Schicksalen leitet, und nicht immer ist die Hand eine gütige zu nennen. Oft heißen wir sie die Hand Gottes oder des Teufels und drücken damit einen psychologisch höchst wichtigen Faktor unbewußt richtig aus, nämlich die Tatsache, daß der das Leben unserer Seele gestaltende Zwang den Charakter einer autonomen Persönlichkeit hat, beziehungsweise als solcher Art empfunden wird, so daß von jeher und auch noch im heutigen Sprachgebrauch die Quelle derartiger Schicksale als ein Dämon, als ein guter oder böser Geist, erscheint."[38]

Jung mochte an seine eigene Kindheit gedacht haben, als er diese Sätze als junger Psychoanalytiker niederschrieb, und auch daran, welche Problematik mit seinem und mit dem Schicksal seines Vaters verknüpft war. Diese Stelle zeigt aber auch, wie der Autor zu diesem Zeitpunkt (im Jahre 1909) noch von dem „determinierten" Denken behaftet war, wie wir es von seinem damaligen verehrten Meister Sigmund Freud kennen. Da ist, so scheint es, noch nichts von dem spezifisch christlichen Verständnis zu spüren, noch nichts von der Möglichkeit einer Befreiung, noch nichts von der Aussicht, daß der Zauberkreis der Triebwelt durchbrochen werden könnte. Jung hatte die innere „Kehre" noch nicht erreicht, deren äußere Konsequenz die Trennung von Freud darstellen sollte. So gesehen ist es auch die Problematik des Pfarrerssohnes, die auf das Verhältnis von Freud und Jung ihre Schatten wirft. Indem er seine Beziehung zu ihm klären mußte, traf er eine Entscheidung, die im Zusammenhang seiner religiösen Erfahrung gesehen werden muß.

Im Lebensrückblick kann Jung immerhin sagen, daß Gott, um den schließlich sein Denken und Streben kreiste, die sicherste Gewißheit darstellte, die es für ihn gab. Das bedeutete jedoch keineswegs eine Versöhnung mit dem kirchlichen Christentum seines Elternhauses und schon gar nicht eine Versöhnung mit der Theologie, die sein Vater repräsentierte oder ihm gegenüber wenigstens repräsentieren sollte. „Es wurde mir leichter, je weiter ich der Kirche rückte", notiert der Pfarrerssohn einmal.[39] Was den Sohn bedrückte, das war die unausweichliche Folge, die sich aus dem Spannungsverhältnis zwischen seiner eigenen Innenerfahrung und dem theologisch-rationalen Lehr- und Gedankengebäude ergab, denn:

„Die Theologie hatte meinen Vater und mich entfremdet… Ich war erschüttert und empört zugleich, weil ich sah, wie hoffnungslos er der Kirche und ihrem theologischen Denken verfallen war. Sie hatten ihn treulos verlassen, nachdem sie ihm alle Möglichkeiten, unmittelbar zu Gott zu gelangen, verrammelt hatten.“[40]

Diese Sicht wird C. G. Jung lebenslang bewußt gewesen sein. Jedenfalls versuchte er schon einige Jahre vor der Aufzeichnung seiner Autobiographie einem protestantischen Theologen – Walter Bernet – gegenüber die Ausgangssituation deutlich zu machen, die einerseits durch den erwähnten Gegensatz, andererseits durch die materialistischen Voraussetzungen maßgeblich mitbestimmt war, mit denen er als angehender Naturwissenschaftler und Arzt hatte fertig werden müssen:

„Die Tragik meiner Jugend war, daß ich meinen Vater sozusagen vor meinen Augen am Problem seines Glaubens zerbrechen und eines frühen Todes sterben sah. Das war das objektive Ereignis, das mir für die Bedeutung der Religion die Augen öffnete. Subjektive innere Erlebnisse haben es verhindert, daß ich aus dem Schicksal meines Vaters in bezug auf den Glauben negative Schlüsse zog, die nahegelegen hätten. Ich bin ja in der Blütezeit des Wissenschaftsmaterialismus aufgewachsen, hatte Naturwissenschaften und Medizin studiert und bin Psychiater geworden. Mein Bildungsgang einerseits hat mir nichts offeriert als Gegengründe, und andererseits war mir das Charisma des Glaubens versagt…“[41]

… und die Erfahrbarkeit des Geglaubten

Für Jung gab es demnach nur die Möglichkeit einer klaren Grenzziehung zwischen seiner religiösen Eigenerfahrung – die er bemerkenswerterweise vom „Charisma des Glaubens“ unterscheidet – und der Theologie, genauer: jener

Theologie, die von der „Erfahrbarkeit des Geglaubten" (K. Bambauer) nichts wissen will.

Es ist anzunehmen, daß Jungs Urteile über Kirche, Theologie und Verkündigung ganz anders ausgefallen wären, wenn er in ihnen etwas von der Strahlkraft religiöser Unmittelbarkeit gespürt hätte. Die Briefwechsel mit den dort mehrfach erwähnten Theologen, z. B. mit den Katholiken Victor White, Hugo Rahner, Gebhard Frei sowie mit verschiedenen Protestanten, sprechen für diese Annahme.

Was nun die Entfremdung zwischen Vater und Sohn, auch zwischen Kirchenlehre und Eigenerfahrung betrifft, so faßt Jung zusammen:

„So viel stand für mich fest, und ebenso sicher war mir, daß keiner der mir bekannten Theologen ‚das Licht, das in der Finsternis schien', mit eigenen Augen gesehen hatte, sonst hätten sie keine ‚theologische Religion' lehren können. Mit der ‚theologischen Religion' konnte ich nichts anfangen; denn sie entsprach nicht meinem Gotteserlebnis. Ohne Hoffnung auf Wissen fordert sie auf zu glauben. Das hatte mein Vater mit größter Anstrengung versucht und war daran gescheitert ... Ich hatte erkannt, daß der mir immer hochgepriesene Glaube ihm diesen fatalen Streich gespielt hatte, und nicht nur ihm, sondern den meisten gebildeten und ernsthaften Leuten, die ich kannte. Als die Erzsünde des Glaubens erschien mir die Tatsache, daß er der Erfahrung vorausgriff."[42]

Nun wird man freilich den Einwand nicht unterdrükken können, daß Jung hier und andernorts mit einem Glaubensbegriff operiert, der der christlichen Glaubenswirklichkeit kaum gerecht wird. Jung schließt sich bedauerlicherweise der im Grunde rationalistischen Vulgärmeinung an, wonach „glauben" soviel wie „nicht wissen" oder ein illusionäres „Für-wahr-Halten" darstelle. Mit dem christlichen Glaubensbegriff sind derlei Unterstellungen aber keineswegs zu vereinen. Jung verkennt aber, daß christlicher Glaube immer auch eine Erkenntnisfunktion zu erfüllen hat, zu erfüllen vermag und somit selbst eine Weise religiöser Erfahrung darstellt.[43] So sind es erhebliche Mißverständnisse, schicksalhafte Verkettungen, die sich C. G. Jung auf seinem Weg zu Christus als Hindernisse entgegengestellt haben.

Wie konnte er sie überwinden? Vielleicht durch Vertiefung in die Naturwissenschaft und Medizin seiner Zeit oder während der zeitweiligen Verbindung mit Sigmund Freud? Oder etwa durch eine bloße Rückbesinnung auf die kirchliche Tradition, aus der er früh herausgewachsen war? – Aber gerade das war nicht möglich. Und schließlich: Inwiefern kann bei Jung dennoch von einer Hinkehr zu Christus gesprochen werden, wo er sich doch eher von kirchlicher Frömmigkeit entfernte?

Ähnliche Fragen beunruhigen auch den heutigen Menschen, der in der zweiten Lebenshälfte steht und nach einer Neuorientierung Ausschau hält.

Paulus als Prototyp

Einsamkeitserlebnisse pflegen sich in einer solchen Situation einzustellen. Bei Jung nahmen sie schon während der ersten Lebenszeit eine eigentümliche Gestalt an. Davon berichtet er:

„Meine ganze Jugend kann unter dem Begriff des Geheimnisses verstanden werden. Ich kam dadurch in eine fast unerträgliche Einsamkeit, und ich sehe es heute als eine große Leistung an, daß ich der Versuchung widerstand, mit jemandem davon zu sprechen. So war damals schon meine Beziehung zur Welt vorgebildet, wie sie heute ist: auch heute bin ich einsam, weil ich Dinge weiß und andeuten muß, die die anderen nicht wissen und meistens auch gar nicht wissen wollen."[44]

Angemerkt sei, daß am ehesten solche *Menschen der Einsamkeit* jenen besonderen inneren Erfahrungen gewachsen sein werden, Menschen, die dem introversiven Einstellungstypus zuzurechnen sind. Gemeint sind die, für die der Schwerpunkt der Aufmerksamkeit nicht so sehr auf äußere als auf innere Objekte gerichtet ist.

Nun ist es sehr bedeutsam zu sehen, wie Jung von diesem Motiv der Einsamkeit her eine Verbindungslinie zu dem Apostel Paulus zieht: „Gab es je einen Einsameren als Paulus? Sogar sein ‚Evangelium' traf ihn unmittelbar, während er die Männer in Jerusalem verfolgte wie das ganze römische Reich", schreibt Jung Anfang 1948 an den englischen Dominikaner Victor White.[45] Hierbei handelt es sich keinesfalls um eine nur beiläufige Erwähnung dieses Apostels, der auf eine so außerordentliche Weise zu Christus, dem Auferstandenen und Erhöhten, gefunden hatte und der so großen Wert auf die Feststellung legte, von der Jerusalemer Tradition der zwölf Jünger (des historischen Jesus) völlig unabhängig zu sein. Er betonte, die Heilsbotschaft gar nicht von Menschen, sondern durch eine Offenbarung (apokalypsis) des Christus *in sich* (en emoi) empfangen zu haben.[46] Das ist die Ausdrucksweise des Mystikers bzw. des Esoterikers, insofern der Anruf, die Be-Rufung nicht von außen kommt, sondern – psychologisch betrachtet – aus den Tiefen des Archetypisch-Unbewußten, also aus jener Sphäre, die von der Lebensmitte an immer wichtiger wird bzw. werden sollte. Dies ist zudem ein Gesichtspunkt, das Schicksal des Apostels Paulus gerade in heutiger Zeit besonders zu beachten, weil in ihm vorgebildet erscheint, was immer mehr Menschen betrifft, die dem Kirchentum entfremdet sind.

Was will deshalb eine derartige Erinnerung an diesen Apostel zur Deutung von Jungs Lebensweg besagen? Sollte Jung in Paulus den Prototyp seines eigenen Innenweges sehen? – An der genannten Briefstelle fügt er bedeutsam hinzu: „Ich ersehnte den Beweis des lebendigen Geistes und erhielt ihn ... Ich weiß, daß mir der Weg von einer Hand vorgeschrieben wurde, die weit über mich hinausreicht ...“

Damit ist zugleich eine charakteristische Lebensmitte-Erfahrung angedeutet, eben die Ahnung oder die Gewißheit, daß nicht mehr die Alltagspsychologie ausreicht, weil transpersonale, Raum und Zeit übergreifende Faktoren in Kraft treten. Gleichzeitig spricht Jung ausdrücklich von seinem eigenen „Weg“. Und er ist sich wohl bewußt, wie „verdammt groß“ das tönt; – aber kein Wort mehr von den erwähnten dunklen, determinierten Triebschicksalen, die aus der Hand eines guten oder eines bösen Dämons herrühren und passiv hinzunehmen seien! Auch steht diese Aussage des 73jährigen nicht etwa allein da. Sie ist kein Zufallsprodukt. Ein Brief an den protestantischen Theologen Walter Uhsadel, zwölf Jahre zuvor abgefaßt, liefert uns den ausdrücklichen Beleg dafür, daß Jung nicht nur seinen eigenen Weg unter einem deutlichen christlich-religiösen Vorzeichen gesehen hat. Worin er nun die spezielle Aufgabe des Tiefenpsychologen erblickte, hier als „Seelenerzieher“ verstanden – man könnte auch sagen: als Berater auf dem Weg in die zweite Lebensphase – das drückt die folgende nicht weniger wichtige Briefstelle aus. Sie zeigt, welchen Erkenntnisfortschritt der Briefschreiber in der Zwischenzeit bereits gemacht hat:

„Mir scheint, die wichtigste Aufgabe des *Seelenerziehers der Gegenwart* wäre es, den Menschen einen Weg zu zeigen, wie sie zu der Urerfahrung gelangen, welche zum Beispiel Paulus auf dem Weg nach Damaskus am deutlichsten gegenübergetreten ist. Nach meiner Erfahrung eröffnet sich dieser Weg nur im seelischen Entwicklungsprozeß des einzelnen.“[47] Gemeint ist der Weg oder Prozeß der Individuation, die im Rahmen der Jungschen Psychologie der Selbstwerdung des Menschen entspricht.

Kehren wir nochmals zu dem Bekenntnis zurück, das Jung als 80jähriger in dem angeführten Brief an Walter Bernet ausgesprochen hat, dann findet sich dort expressis verbis, wonach wir suchen, denn Jung schreibt, auf sein eigenes Schicksal deutend:

„Ich war auf die Erfahrung allein angewiesen. Immer stand mir das Damaskuserlebnis des Paulus vor Augen, und ich fragte mich, wie sein Schicksal ohne seine Vision wohl ausgefallen wäre. Dieses Erlebnis ist ihm aber zugestoßen, als er blind seinen eigenen Weg verfolgte. Ich zog damals als junger Mensch den Schluß, daß man offenbar sein Schicksal erfüllen müsse, um dorthin zu gelangen, wo einem ein donum gratiae (ein Geschenk der Gnade) zustoßen könnte."[48]

Und nicht genug damit, denn Jung bringt an der zitierten Briefstelle mit diesem seinem Gnadenerlebnis sogar den Ursprung seiner Psychologie in Zusammenhang! Das religiöse Jugend- und Lebensproblem wäre demnach nicht irgendeines unter anderen, sondern das zentrale Thema seines Lebens und seines Schaffens als Psychotherapeut sowie als tiefenpsychologischer Forscher, – eine Feststellung, die m. E. bei der theologischen Beurteilung der Analytischen Psychologie Jungs noch nicht genügend berücksichtigt worden ist.

Das will doch besagen, daß Jung gemäß dieser Offenlegung nicht allein ein Damaskuserlebnis durchgemacht hat, das ihm zu einem Weg zu Christus geworden ist, sondern daß Jung gerade als Seelenarzt und als „Seelenerzieher" seinen Klienten eine entsprechende Wegweisung schuldig war, die den landläufigen Begriff der psychotherapeutischen „Behandlung" überschreitet! Und weil er sich an die der Kirche Entfremdeten und an die religiös Entwurzelten gewiesen sah, schieden im vornherein die

Glaubensvoraussetzungen aus, die seine theologischen Briefpartner bisweilen stillschweigend machten.

Für die theologische Bewertung der Jungschen Selbstinterpretation dürfte indes zweierlei von besonderem Belang sein: einmal die Tatsache, daß C. G. Jung dieses sein Suchen, Irren und endliches Finden unter dem Zeichen der Gnade gestellt sah, und nicht etwa als eine geplante religiöse Eigenleistung mißverstand; zum anderen, daß er sich nicht als einen vollendeten Heiligen verkannte. Individuation, wie Jung sie dargestellt hat, meint nicht Vollkommenheit, sondern eher Vervollständigung, die Einleitung eines Prozesses zur Ganzwerdung. Es gilt, jene unbewußten, uneingestandenen Regionen der eigenen Psyche zu integrieren, die wir in der Regel als nicht zum eigenen Selbst gehörig betrachten und eher auf andere projizieren.

Im übrigen wußte Jung als Psychologe um die Gefahr einer psychischen „Inflation", die einer maßlosen Selbstüberschätzung gleichkommt und einen Wirklichkeitsverlust nach sich zieht. Auch bekannte er sich zeitlebens zu seinen eigenen Schwierigkeiten, zu seinen Mängeln, zu seinem „Schatten", kurz zu seiner Konflikthaftigkeit, die auch durch ein Damaskuserlebnis nicht einfach aufgehoben ist:

„Selbst dem Christen Paulus schlug ein gewalttätiger Saulus als Satansengel ins Gesicht. Diesem Kampf sollte man wohl nicht in eine vorzeitige und antizipierte Erlöstheit ausweichen."[49]

Oder an anderer Stelle, in einem Brief des 51jährigen:

„Ich gehe meinen Weg und trage meine Bürde, so gut ich es vermag ... Es gibt in meinem Leben keine Schwierigkeit, die ich nicht ganz und gar selber bin. Niemand soll mich tragen, solange ich auf eigenen Füßen stehen kann."[50]

Demnach gibt es gute Gründe, bei Carl Gustav Jung,

dem zum Zweifel und zur Skepsis durchaus Fähigen, von einem Weg zu sprechen, der nicht zu einer allgemeinen, undifferenzierten Religiosität, sondern zu dem Christus des Neuen Testaments führt. Daß sich der Psychologe ausgerechnet auf den Apostel Paulus beruft und ihn als Kronzeugen seines eigenen Christseins in Anspruch nimmt, ist offenbar kein Zufall. Denn beide Male verläuft der Weg zu Christus *außerhalb* der Bahnen, die die institutionelle Kirche für ihre Gläubigen bereit hält. Beide Male geschieht das Entscheidende ohne die Vermittlung eines „Amts" oder einer traditionellen geistlichen Autorität. Beide Male wird der Mensch auf dem innern Weg zu Christus von einem Größeren, Mächtigeren, von einem Archetypus überwältigt. Jungs Urteil könnte daher nicht knapper, aber auch nicht vollständiger ausgedrückt werden, als durch die Worte, die er einem Reporter der Schweizer „Weltwoche" gegenüber sagte: „Es war eine Gnade Gottes..."

Die religiöse Position des Pfarrerssohns ist demzufolge dadurch gekennzeichnet, daß Jung die überkommene Tradition, die Pfarrhaus, Kirche und Theologie repräsentieren, nicht einfach rezipieren und fortsetzen konnte, und zwar nicht nur, weil der Sohn des schweizerischen Landpfarrers einen „weltlichen" Beruf wählte. Entscheidend war, daß er dem Wink folgen mußte, der ihm in vielfältiger Weise – gleichsam durch seinen inneren Gefährten und Meister – in den Hervorbringungen des Unbewußten gegeben wurde. Und mit diesem Unbewußten mußte er fertig werden, zunächst mit seinen eigenen Träumen und visionären Erlebnissen, dann als Arzt und Analytiker und mit den Produktionen des Unbewußten seiner Patienten. Das bedeutete aber einen Exodus aus dem bergenden Schoß von Tradition und Kirche. Darin gleicht Jung manch einem seiner Schicksalsgenossen, etwa dem Pfarrerssohn Friedrich Nietzsche.

Jung gesteht freimütig seine durchaus gefahrvolle innere Situation auf der Schwelle zur zweiten Lebenshälfte:[51]

„Die Inhalte des Unbewußten konnten mich bisweilen außer Rand und Band bringen. Aber die Familie und das Wissen: ich habe ein Ärztediplom, ich muß meinen Patienten helfen, ich habe eine Frau und fünf Kinder, und ich wohne an der Seestraße 228 in Küsnacht – das waren Tatsächlichkeiten, die mich anforderten. Sie bewiesen mir Tag für Tag, daß ich wirklich existierte und nicht nur ein vom Geistwind umgetriebenes Blatt war wie ein Nietzsche. Nietzsche hatte den Boden unter den Füßen verloren, weil er nichts anderes besaß als die innere Welt seiner Gedanken – die überdies ihn mehr besaß als er sie. Er war entwurzelt und schwebte über der Erde. Und deshalb verfiel er der Übertreibung und der Unwirklichkeit. Diese Unrealität war für mich der Inbegriff des Grauens, denn ich meine ja *diese* Welt und *dieses* Leben."[52]

Jung selbst hatte als etwa 40jähriger den Durchgang durch einen Prozeß zu bestehen, den er in Anlehnung an die Irrfahrten des Odysseus eine „Nachtmeerfahrt" (Nekyia) der Seele bezeichnete. So tauchten beispielsweise aus der Fülle des Unbewußten heranbrandenden Phantasien und Imaginationen allerlei Gestalten auf, die aus der Mythologie bekannt sind. Er lernte die männlichen und weiblichen Figuren als innerseelische Instanzen zu deuten, z. B. als „Anima", das gegengeschlechtliche Seelenbild im Unbewußten des Mannes bzw. „Animus" bei der Frau. Noch wichtiger war für ihn, mit diesen Bildern auf kreative Weise (malend und schreibend) umzugehen. In der heute immer stärkeres Interesse erweckenden *Kunsttherapie*[53] finden Jungs Einsichten ihre praktische, die seelische Balance stabilisierende therapeutische Anwendung. Die eingehende Schilderung seines inneren Lebens in diesem bedeutungsvollen Abschnitt zeigt, daß der Seelenarzt den Gang in die Tiefe selbst antreten und die heilende Arznei selbst erproben mußte, wollte er anderen Menschen in ähnlicher Situation ärztlich beistehen.

Kehren wir nochmals zur Frage des inneren Zugangs zu Christus zurück, dann gehört es zweifellos zu den für die Zukunft des Christentums wesentlichen Hinweisen Jungs, daß er in einem Augenblick über die Weiterentwicklung des christlichen Mythos nachsann, in dem die zeitgenössische Theologie u. a. mit der Entmythologisierung (R. Bultmann) voll in Anspruch genommen war. Aber Jung redet keinesfalls einer Re-Mythisierung das Wort. Vielmehr meint er die Entfaltung dessen, was im Alten wie im Neuen Testament in bildhafter Form angelegt ist. Denn – so fand Jung – im Grunde hatte es die westliche Christenheit versäumt „im Laufe der Jahrhunderte ihren Mythus weiterzubauen. Sie hat jenen, die den dunklen Wachstumsregungen der mythischen Vorstellungen Ausdruck gaben, das Gehör versagt. Ein Gioacchino da Fiore (Joachim von Fiore), ein Meister Eckhart, ein Jakob Böhme und viele andere sind für die Masse Dunkelmänner geblieben.“[54] Dabei haben die Genannten nicht nur ihre Erleuchtungen mitgeteilt, sondern spirituelle Impulse vermittelt, die bis heute nachwirken.

Im Grunde besagt C. G. Jungs Hinweis, daß diese – im legitimen Sinn des Wortes – *esoterische* Seite des Christentums fortan besonderer Beachtung und Pflege bedarf. Es handelt sich um die lange sträflich vernachlässigte christliche Gnosis, Mystik und Theosophie, die mit fragwürdigen Ideologien dieses Namens nicht zu verwechseln sind.[55] Und durch äußere Aktivitäten der Kirchen läßt sich echte christliche Esoterik keinesfalls ersetzen. Jungs Rat lautet daher:

„Die Weiterentwicklung des Mythus sollte wohl dort anknüpfen, wo der Heilige Geist sich an die Apostel austeilte und sie zu Gottessöhnen machte, und nicht nur sie, sondern alle anderen, die durch sie nach ihnen dic filiatio, die Gotteskindschaft, empfingen und damit auch der Gewißheit teilhaftig wurden, daß sie nicht nur autochthone, erdentsprossene animalia waren, sondern als ‚zweimal Geborene' in der Gottheit selber wurzelten. Ihr sichtbares körperliches Leben war von dieser Erde; ihr unsichtbarer innerer Mensch aber hatte seine Herkunft und seine Zukunft im Urbild der Ganzheit, im ewigen Vater, wie der Mythus der christlichen Heilsgeschichte lautet."[56]

Die Übung als Faktor der Selbstwerdung

In der klassischen Psychoanalyse Sigmund Freuds und selbst in der Archetypischen Psychologie C. G. Jungs kommen spirituelle Übungen, wie die Meditation, nicht vor. Jedenfalls werden sie nicht in dem zu durchlaufenden Prozeß der Selbstwerdung eingesetzt. Jung erwähnt sie in der Regel nur beiläufig. Dabei ist ihm bewußt, welche große Wirkkraft und Bedeutung ihnen sowohl im Osten (Hinduismus, Buddhismus) als auch im westlichen Christentum zugesprochen werden müssen. Eingehender hat er sich mit den Geistlichen Übungen (exercitia spiritualia) des Ignatius von Loyola beschäftigt.[57] Doch in keinem Fall hat er eine disziplinierte Meditationsform, sei es eine westliche oder eine östliche, eingesetzt. (Die von ihm gezeigte Aktive Imagination[58] ist eine Methode mit vorwiegend therapeutischen Zielsetzungen.)

Bedenkt man, daß Archetypen autonom agieren und nicht etwa durch rationales Nachdenken zu integrieren sind, dann ergibt sich daraus die Notwendigkeit einer eingehenden meditativen Auseinandersetzung mit den Inhalten des Unbewußten bzw. mit spirituellen Gehalten. Dabei handelt es sich stets auch um ein „Selbstgespräch" (Gespräch mit dem Selbst), verbunden mit dem Hören auf die „innere Stimme", auf die Stimme des Selbst. Der Alchymist hat diesen Vorgang der „Innerung" das „Zwiegespräch mit seinem guten Engel" (colloquium cum suo angelo bono) genannt.

Die Einsicht, nicht der oder die bleiben zu können, der bzw. die man ist, führt zum seelischen Wachstum und motiviert zur Übung, zu einem Exercitium, gleich welcher Art. Das will heißen:

- ☆ Ich nehme mir beispielsweise etwas Bestimmtes vor, was nicht gerade meiner Gewohnheit oder Neigung entspricht; etwas, das u. U. meiner Bequemlichkeit zuwiderläuft und was mir deshalb schwer fällt. Immer vorausgesetzt, daß es sich um eine freie, sinnvolle Entscheidung handelt.
- ☆ Ich richte mir einen „Ort der Übung“ ein, an dem ich Tag für Tag eine gewisse Zeit der Besinnung, des Innewerdens, der Geistesgegenwart verbringe. Gemeint sind Übungen zu einem geordneten (also nicht etwa beliebig schweifenden) Denken, zu einem empfindungstiefen Fühlen und zu einem tatkräftigen Wollen.
- ☆ Auf das Wie kommt es an und auf das konsequente, geduldige Durchhalten. Das ist viel wichtiger als die zeitliche Dauer einer solchen Übung. Was mir die eine oder andere Übung „bringt“ ist zu keinem Zeitpunkt des Übens von Bedeutung. Derartige Überlegungen würden nur ablenken.[59]

Doch das ist erst die eine Seite der Medaille. Denn wer meint, mit derlei selbstverordneten Exerzitien sei es schon getan, der sollte aus folgender Zen-Anekdote die für ihn nötige Lehre ziehen:

Der Zen-Meister fragt seinen Schüler, wann und wie er eigentlich übe. Darauf antwortet dieser, indem er anscheinend ordnungsgemäß von der Zeit und der Weise seines Meditierens berichtet. Der Meister aber tadelt energisch: Wer nicht Tag und Nacht übt, der übt überhaupt nicht ... Ist das nicht eine ganz unerfüllbare Forderung?

Keineswegs! Auch kann nicht gemeint sein, die meditative Übung so sehr auszudehnen, daß die Pflichten des Alltags darüber versäumt würden. Und doch sind sich die Meister des inneren Weges – des Westens wie des Ostens – im Blick auf die strikte Einhaltung der unablässigen Übung völlig einig. Hierfür einige Beispiele:

Das durchgängige Exercitium

Der Apostel Paulus mahnt (1. Thess. 5,17): „Betet ohne Unterlaß!" – Wie ist das möglich, und was könnte damit gemeint sein? – Bei ihrem Versuch, dieser Forderung zu entsprechen, entwickelten die ostkirchlichen Mönche der Frühzeit, z. B. die auf dem Athos, das *Herzensgebet.* Im Grunde besteht es allein aus dem wieder und wieder vergegenwärtigten Gebetsruf:

„Herr Jesus Christus, erbarme dich meiner!"

– eine Formel, die den fernöstlichen Mantren (O mani padme hum; Namu amida butsu ...) vergleichbar ist. Da nun diese Worte des Herzensgebets in bestimmter Weise mit dem Atemrhythmus verbunden werden – etwa: „Herr Jesus Christus" beim Einatmen; „erbarme dich meiner" beim Ausatmen – bleibt das Gebet eben nicht allein ein Bewußtseinsvorgang. Indem die Wiederholung mit dem Atemvorgang verbunden wird, vermag es tiefer einzudringen. Es wird geradezu ein psychosomatisches Geschehen und in den Tiefen der Psyche verankert. Nun gilt das Psalmwort:

„Aus der Tiefe rufe ich, Herr, zu dir!" (Ps. 130, 1)

Mit anderen Worten: Das Gebetsanliegen verbindet sich so stark mit dem rhythmischen Geschehen, daß das Gebet tatsächlich „ohne Unterlaß" weitergeht. In eine ähnliche Richtung mögen die Gedanken des Dichters Johann Mentzer gegangen sein, als er die Verse (EKG 238) schrieb:

„O daß mein Blut mit Jauchzen wallte,
solang es noch im Laufe geht!
Ach, wär ein jeder Puls ein Dank
Und jeder Odem ein Gesang!"

Meister Eckhart hatte als Seelenführer immer wieder Anlaß, exaltierte Nonnen und seine vom mystischen Aufschwung faszinierten jüngeren Ordensbrüder zur Nüchternheit anzuhalten, d. h. zur Wachheit des Bewußtseins, um „ganz im Jetzt und Hier" ihrer alltäglichen Aufgaben zu leben. Er tat es mit der Mahnung:

„Der Mensch soll Gott *in allen Dingen* ergreifen und soll sein Gemüt daran gewöhnen, Gott alle Zeit gegenwärtig zu haben im Gemüt und im Streben und in der Liebe. Achte darauf, wie du deinem Gott zugekehrt bist, wenn du in der Kirche bist oder in der Zelle: diese selbe Gestimmtheit behalte und trage sie unter die Menge" (Reden der Unterweisung 6).

Der Alltag als Übung

Damit ist das Hineingebundensein in die zwischenmenschlichen und in die beruflichen Pflichten angesprochen. Der Alltag wird zum Ort der Gottesbegegnung. Es bedarf keiner besonderen Seelenaufschwünge. Sie stellen eher eine Gefahr der „Rückbiegung" dar. Vor ihr warnt Martin Buber, wenn man sich aus der Welt zurückzieht und einer wirklichkeitsfeindlichen Spiritualität verfällt. Karlfried Graf Dürckheim, der vielfach aus den Leitworten des mittelalterlichen „Lebemeisters" (Eckhart) Anregungen für seine eigene Übungspraxis empfing, spricht daher von dem „Alltag als Übung", wenn er zeigt, wie von einem in Verantwortung und Hingabe vollzogenen Tun „das Wesen in uns erwacht":

„Von früh bis spät ruft die Welt uns nach außen, will die Welt erkannt und gemeistert werden. Das Wesen ruft uns fortgesetzt nach innen. Die Welt verlangt von uns Wissen und Können. Das Wesen verlangt von uns, daß wir das Gewußte und Gekonnte immer wieder im Dienste des Reifens vergessen... Übung im Alltag bedeutet immerzu Einkehr und Umkehr, Loslassen der Welt und Zulassen des Wesens. Und wenn wir den innersten Kern unseres Selbst einmal fühlen und in uns das Wesen erwacht – dann spüren wir auch das Wesen der Dinge, und mitten im weltlichen Dasein begegnet uns allenthalben das Sein." (Alltag 1980, 36 f.)

Besonders knapp und zugleich konkret faßt die Weisheit der ostjüdischen Chassidim das Gemeinte. In einer der von Martin Buber gesammelten chassidischen Anekdoten fragt der Rabbi seinen Sohn, womit er eigentlich bete. Der Sohn versteht die Frage so, der Vater wolle wissen, welches Schriftwort er seiner Andacht zugrundelege. Und so nennt er ihm den Bibelspruch, der ihm wichtig geworden ist. Aber als der Sohn diese Frage seinem Vater zurückgibt, da antwortet der lapidar: „Ich bete mit der Diele und mit der Bank."[60]

Nicht anders verstand ein Chassid seine Existenz als ein Leben in der ungeteilten Gottesgegenwart. Denn als man wissen wollte, was seinem Lehrer das Wichtigste gewesen sei, da antwortete er: „Das, womit er sich gerade abgab."

Und von Perle, der Frau des Berditschewer Rabbi ist ein Gebet überliefert, das von demselben Geist erfüllt ist. In den Erzählungen der Chassidim heißt es von ihr: „Wenn sie die Sabbatbrote knetete und buk, pflegte sie zu beten: ‚Herr der Welt, ich bitte dich, hilf mir, daß mein Levi Jizchak, wenn er am Sabbat über diese Brote den Segen spricht, dasselbe im Sinn habe wie ich in dieser Stunde, da ich sie knete und backe!'"[61]

Mit einem Wort: Der Alltag, der ein aufmerksames, verantwortungsvolles Leben und Tun verlangt, ist zu einer unablässigen Übung geworden...

Leben im Zeichen der Wiedergeburt

Wem klar ist, daß menschliches Leben nicht allein von den biologischen Wachstums- und Abbauprozessen her zu begreifen ist, der wird das große Thema des „Stirb und Werde“ im Sinne Goethes wieder und wieder bedenken. Die religiöse Menschheit, die christliche wie die außerchristliche, spricht von dem Mysterium der Wiedergeburt. Nur ein Einmal-Geborener zu sein, das ist nicht genug. Erst der *Zweimal-Geborene* kann sagen, er befinde sich im Prozeß der vollen Menschwerdung.

Und schon schnappt – wie so oft – die dogmatische Falle zu. Eilfertig verweisen mit ihrem Katechismus Vertraute auf das „Bad der Wiedergeburt“, das mit der (Kinder-) Taufe bereits erfolgt sei. Andere erinnern mit guten Gründen an die Unverbindlichkeit des gewohnheitsmäßig vollzogenen Ritus und empfehlen die Glaubenstaufe des Erwachsenen. Aber ist auf die eine wie auf die andere Weise der Menschwerdung des Menschen schon Genüge getan?

Wiederholt machte C. G. Jung auf die relative Belanglosigkeit religiöser Zeremonien, auch der christlichen Sakramente, aufmerksam, „wenn die Seele nicht mehr mitspielt“, weil dann das religiöse Leben in Äußerlichkeit und konfessionalistischem Formelkram erstarre. Die Fakten bedürfen keiner weiteren Diskussion. „Es kann daher der Fall eintreten, daß ein Christ, der zwar an alle heiligen Figuren glaubt, doch im Innersten der Seele unentwickelt und unverändert bleibt, weil er den ‚ganzen Gott draußen‘ hat und ihn nicht in der Seele erfährt. Seine ausschlaggebenden Motive und seine maßgebenden Interessen und Impulse erfolgen aus der unbewußten und unentwickelten Seele, die so heidnisch und so archaisch wie nur je ist, und keineswegs aus der Sphäre des Christentums ... Mit den bisher angewendeten Mitteln ist es nicht gelungen, die Seele bis zu dem Grade zu christianisieren, daß auch nur die elementarsten Forderungen der christlichen Ethik irgendeinen maßgeblichen Einfluß auf die hauptsächlichsten Belange des christlichen Europäers hätten."[62] – Wer wollte das bezweifeln?

Die Brücke, die vom Dogma der Kirche zum inneren Erlebnis des einzelnen führt, erscheint demontiert, so sehr demontiert, daß es die „Diener des Wortes" oft nicht einmal merken oder als ein Alarmzeichen empfinden. Statt dessen wird der „Glaube" empfohlen, nach Maßgabe von „Schrift und Bekenntnis". Doch nur solange es Menschen mit „Urerfahrung" gibt, kann die Bibel als inspiriert entgegengenommen werden. Alles andere bleibt belanglose Drucksache ...

Initiation durch die Taufe?

Kehren wir nochmals zum Symbol der christlichen Taufe zurück, die angesichts unseres Themas in der heutigen Christenheit ein merkwürdiges, um nicht zu sagen: ein überaus verhängnisvolles Schicksal erlitten hat. Nachdem die Kindertaufe zum dominierenden Eintrittszeremoniell für das kirchliche Christentum geworden ist, das dem Getauften in der Regel nicht einmal erinnerbar, geschweige denn bewußt geworden ist, ging der Christenheit ein wichtiges initiatorisches Element verloren. Dieser Verlust wirkt sich entsprechend nachteilig auf das Geschehen der Selbstwerdung überall dort aus, wo die traditionelle Kirchlichkeit andere, ersatzweise Formen spiritueller Methodik erst gar nicht aufkommen läßt, sondern diese vielmehr diffamiert und unterdrückt. (Zu denken ist an Erscheinungsformen einer legitimen christlichen Esoterik, die mit der grassierenden Pseudo-Esoterik generell in Mißkredit geraten ist.) Was liegt hier vor?

Die christliche Taufe, als ein Mysterium im Sinn des Neuen Testaments verstanden, steht in einem großen und überaus bedeutungsvollen Symbolzusammenhang. Der Mensch wird gesehen als einer, dessen Leben dem Tod und der Vergänglichkeit geweiht ist. Dem Untergang verfallen ist die gesamte jetzige Welt als der „alte Äon". Seine Struktur vergeht (1. Kor. 7, 31).

Wer nun in diese Welt hineingeboren ist und deren Endlichkeit durchschaut hat, nachdem er bereits eine bestimmte Wegstrecke gegangen ist, dem wird die Möglichkeit einer grundlegenden Neuorientierung (Metánoia) angeboten. Sie ist wesentlicher Bestandteil der guten Botschaft (Euangelion). Diese Neuorientierung ist logischerweise nur einem Menschen möglich, der die Krisenhaftigkeit seiner Existenz im persönlichen und im globalen Maßstab einzusehen vermag. Nur er kann „herausgerufen" werden. Nur ihm kann das neue Sein als eine neue Schöpfung (Kainé ktisis) übereignet werden. Die Erwachsenen-Taufe ist der Übereignungsakt und zugleich eine Initiation in die Mysterienzusammenhänge des Christentums.

Noch durch die Evangelien-Berichte über den Täufer Johannes schimmert etwas von jener Bewegung hindurch, die einst von dessen Aktivitäten auf breite Volksschichten ausgegangen sein muß. Menschen sind – existentiell verstanden – in der Mitte ihres Lebens vom Wort und Tun des Täufers ergriffen worden und haben die Wende vollzogen. Angedeutet ist die Erschütterung, die die Menschen erfaßte (z. B. Luk. 3,10 ff.). Erlebt durch die Taufe, d. h. das Hineingetauchtwerden als ein Hineingeführtwerden in die Tiefe der Schöpfungswirklichkeit und des Menschseins. Das bei der Kindertaufe übliche flüchtige Benetzen der Stirn mit ein paar Wassertropfen vermag die volle Symbolik des eigentlichen Taufgeschehens nicht einmal anzudeuten. Es fehlt die Dimension der Tiefe mit ihrer Ambivalenz:

„Im Symbol des Wassers haben sich allgemein-menschliche Erfahrungen zum Sinnbild verdichtet. Wasser ist ein Urelement, das Leben hervorbringt und erhält, das aber auch Leben bedroht und verschlingt. Wasser ist zugleich Wasser des Lebens und Wasser des Todes. Nach mythischem Denken muß das Leben immer wieder ins Chaos zurücksinken, um erneuert daraus hervorzugehen. Quellen und fließendes Wasser sind Symbole der Lebendigkeit und Beweglichkeit, der Wandlungsfähigkeit und der unerschöpflich sprudelnden schöpferischen Lebenskraft. Heilquellen sind Symbole für die Quelle des Heils, für Gott selbst, den Ursprung allen Seins."[63] Menschheitsmotive tauchen auf: etwa die übermächtige Urflut, aus der die Menschheit errettet wird, wie die Sintflutsagen berichten; der Zug des wandernden Gottesvolkes Israel durch das Meer; das Verschlungen- und Errettetwerden des Jona... Immer wieder klingt das Motiv der Nachtmeerfahrt an, auch das Heldenmotiv. Es ist der Mensch, der sich in die Tiefen wagt, auch in die Tiefen des Unbewußten, des Transpersonalen, Archetypischen. Wird er aus dem Rachen des Todes errettet, dann kehrt er als ein Gewandelter, Wiedergeborener in die Alltagswelt zurück. Und doch ist es strenggenommen kein „Wieder" (im Sinne eines „Noch einmal") und auch kein „Zurück". Vielmehr meint diese Wiedergeburt einen Neuanfang, den Beginn eines neuen Lebens, und zwar in Bejahung des Todes, auch in dem Eingeständnis, daß es kein Zurück gibt in eine naturhafte Jugendlichkeit oder in den Schoß der Mutter, woran Nikodemus gedacht haben mag. Aber bedarf es eigentlich eines äußeren Taufritus, um das neue Leben anzufangen?

Taufe Christi, Bronzerelief in Nazareth

Die Taufsymbolik gehört zum Grundbestand der Spiritualität der Lebensmitte, weil die Initiation ins Christentum – als innere Taufe und Wiedergeburt im Seelengrund – den Menschen hineinführt in die Tiefe der Schöpfungswirklichkeit und des neuen Menschseins.

Sinnbildliche Handlungen (Riten), so auch der Vollzug der christlichen Taufe, basieren auf einer archetypischen Grundlage. Darauf deuten bereits die angeführten Motive der Rettung aus der Urflut bzw. beim Durchgang durchs Rote Meer bzw. das „Zeichen des Jona", auf das sich Jesus im Evangelium (Matth. 12,39f.) ausdrücklich bezieht, um seinen Durchgang durch den Tod zu beleuchten. Und Paulus betont (Röm. 6) mit der und für die Christenheit, daß der Taufvollzug Teilhabe an *Tod und Auferstehung* des Christus, mithin Teilhabe am neuen Leben bewirke: Mit Christus sind wir begraben in seinen Tod, um in einem neuen Leben zu wandeln, d. h. das Leben kann mit Selbst-Bewußtsein und in Entschlossenheit von neuem beginnen. Keine Frage, daß dies nur einem zur Selbst-Werdung befähigten und bereiten Menschen, nicht aber einem Kind möglich ist. Entsprechendes gilt von den Riten, die ursprünglich in der Osternacht vollzogen worden sind, um den Durchgang durch die Nacht des Todes zum Licht und durch die Flut des Taufwassers zum Leben (angetan mit dem neuen Kleid, dem weißen Taufgewand) zu symbolisieren.[64]

Wenn in den vergangenen Jahrzehnten die liturgische Bewegung in beiden Konfessionen den eingetretenen Symbolverlust und das Defizit an einer spirituell bedeutsamen initiatischen Handlung zu korrigieren versuchte, dann sind auch die Grenzen solcher Bemühungen nicht zu übersehen. Mit der Veränderung des menschlichen Bewußtseins hat sich auch die Rezeptionsfähigkeit kultischer Formen beim heutigen Menschen verändert, wenn nicht erheblich vermindert.

Eine solche Veränderung, die viele auf rituelle Begehungen verzichten läßt, besagt aber nicht, daß ihnen der spirituelle Gehalt, etwa der Taufe, verloren gehen müßte.

Denn letztlich kommt es nicht auf den äußeren Vollzug an, wohl aber – einst wie heute – auf die innere Bearbeitung mystisch-spiritueller Tatbestände. Auf die Taufe als Initiation in den Prozeß des Christ-Werdens bzw. auf die Selbst-Werdung bezogen, heißt das:

So sehr der Taufritus im religiösen Leben der Menschheit verankert sein mag, so ist er doch nur *eine* Weise des Eintauchens und des Hinuntersteigens in die Tiefen des Unbewußten bzw. des Archetypischen. Vor allem wenn sich der Mensch der „Moderne" bzw. der „Postmoderne" kultisch-sakramentaler Formen entledigt hat, muß er nach anderen Ermöglichungen des „Einstiegs" suchen. Und dies um so mehr, als heute ein höheres Maß an individueller Beteiligung und an Bewußtsein verlangt werden muß als in Zeiten, in denen das sogenannte Ich-Bewußtsein großenteils noch nicht ausgebildet war.

Was ist geschehen? Jung hat auf einen wichtigen Tatbestand aufmerksam gemacht, indem er auf die Situation des säkularistisch geprägten Zeitgenossen anspielte, der der Dimension des Mythischen (vielleicht?) entwachsen zu sein scheint:

„Seitdem die Sterne vom Himmel gefallen und unsere höchsten Symbole verblaßt sind, herrscht geheimes Leben im Unbewußten. Deshalb haben wir heutzutage eine Psychologie, und deshalb reden wir vom Unbewußten. All dies wäre und ist auch in der Tat ganz überflüssig in einer Zeit und in einer Kulturform, welche Symbole hat. Denn diese sind Geist von oben, und dann ist auch der Geist oben. Darum wäre es für solche Menschen ein törichtes und sinnloses Unterfangen, ein Unbewußtes erleben und erforschen zu wollen, das nichts enthält als das stille, ungestörte Walten der Natur. Unser Unbewußtes aber birgt belebtes Wasser, das heißt naturhaft gewordenen Geist, um dessentwillen es aufgestört ist."[65]

Das heißt doch auch: Es ist nicht unbedingt erforderlich, in ein archaisches Taufbecken oder in ein Gewässer einzutauchen bzw. eingetaucht zu werden, um auf diese Weise die „Taufe der Umkehr" (metánoia) zu empfangen. Denn das „belebte Wasser" in seiner Ambivalenz wallt *im Seelengrund* eines jeden auf, und die Konfrontation mit den Archetypen will bestanden werden im Zeichen des „Stirb und Werde" um jener Neugeburt willen, die den neuen Menschen in einem „neuen Zeitalter" meint. Wohl bleibt die äußere Praktik ihrer Metaphorik wegen bedeutsam. Doch entscheidend sind Tatsache und Prozeß der Aneignung: Initiation als eine *innere Taufe*. Verschmolzen werden die einander polar entgegengesetzten Elemente: „Wasser" (unten) und „Geist" (oben) und geboren wird – wie der Christus im Nachtgespräch mit Nikodemus sagt – ein neuer Mensch.

So gesehen erübrigt sich ein besonderer Hinweis darauf, daß die Tauf- und Wiedergeburtssymbolik zum Grundbestand der Spiritualität der Lebensmitte gehört, indem sie das Geschehen der entscheidenden Lebenswende ins Bild setzt und zu einem meditierbaren Symbol erhebt, mit dem wir diesen Innenvorgang begleiten können. Oder um das Phänomen mit Ulrich Mann von anderer Seite anzugehen:

„Solang die alten Sternenmächte noch am Himmel standen, vernahm der Mensch ihr Wort im Mythos und schaute ihr Bild im Symbol ... Die Sterne sind in das zuvor stille Wasser des Innen gesunken, sie beleben es nun wie die Engelsmacht den Teich von Bethesda, der im Dunkel tiefer Hallen liegt. Es gilt also, in das Dunkel einzutreten, wo das belebte Wasser rauscht ..."[66]

Es liegt in der Natur der Sache, daß viele dieses Dunkel ihres Lebens scheuen. Das „finstere Tal" (nach Martin Buber die „Todschattenschlucht"), von dem bzw. von der der 23. Psalm spricht, verlangt Zutrauen zum „guten Hirten", d. h. zur inneren Führungsinstanz des Selbst. Der innere Christus, der das wahre Selbst des Menschen verkörpert, wird zum Seelenführer und zu jenem Ritter auf Albrecht Dürers bekanntem Kupferstich, der Tod und Teufel trotzt, das Ziel, die „feste Burg", im Blick.

Wer dagegen den Gang in die Tiefe vermeiden möchte, obwohl dieser unabdingbar zum Individuationsgeschehen gehört, und ohne den keine Wiedergeburt erfolgen kann, der riskiert Stillstand, eine Stagnation, die „alles beim alten" beläßt. Man denke an die tragisch verlaufenden Schicksale derer, die – trotz guter Chancen und einem anfangs hoffnungsvollen Start ins Leben – plötzlich „stekkenbleiben". Hinter den Fassaden eines äußeren Erfolgs breiten sich Langeweile und Lebensüberdruß aus. Es gelang offenbar nicht, die Krisen als Wendepunkte zu begreifen, insbesondere das Krisenfeld zur Zeit der Lebensmitte.

Jung wies einmal darauf hin, daß die großen Probleme des Lebens gar nicht dazu da seien, daß man sie „löse", sondern, daß wir unablässig an ihnen arbeiten. Auf die Thematik der Wiedergeburt bezogen kann das heißen: Niemand gebe sich der Illusion hin, zu einem bestimmten Zeitpunkt ein für allemal „Wiedergeborener" zu sein. Ihn gibt es ebensowenig wie den vollständig individuierten Menschen. Deshalb wird man sich davor hüten, das Streben nach Vollständigkeit (im psychologischen Sinn) mit dem Verlangen nach Vollkommenheit zu verwechseln. Denn „nicht das Ziel, sondern das Streben nach diesem Ziel gibt unserem Leben Inhalt und Sinn" (J. Jacobi).[67]

In hochzeitlicher Stimmung

Der Gang durchs finstere Tal, der Schritt über Proserpinas Schwelle, die Nachtmeerfahrt der Seele – wie wir gesehen haben, handelt es sich jeweils um einen Bildausdruck seelischer Wirklichkeit. Konkrete Eigenerfahrungen lassen sich im Spiegel solcher mythischer Schilderungen bedenken und deuten.

Wo immer die Chance der Lebenswende bedacht wird, darf ein Motiv nicht unerwähnt bleiben, das wie kein anderes in die Mitte der menschlichen Existenz trifft. Es ist die Metapher, das Symbol, das archetypische Sinnzeichen der *Hochzeit.* Die Religionsgeschichte der Menschheit kennt den Terminus der „Heiligen Hochzeit" (hieros gamos). Sie läßt sich auch beschreiben als das *Mysterium der Vereinigung* (mysterium coniunctionis)[68]. Dieses Symbol ist in ganz besonderer Weise mehrdimensional. Es drückt aus die Vereinigung von Mann und Frau, prinzipiell die der Vermählung des Männlichen und Weiblichen (Yang und Yin), aber auch die innige Liebesvereinigung von Gott und Mensch, sodann die Gegensatzvereinigung schlechthin. So kann in der Tat von einem Archetypus großer Bedeutsamkeit gesprochen werden, zumal er sich – wie C. Jung in eindrucksvoller Weise gezeigt hat – auf der materiellen Ebene ebenso wie im innerseelischen Bereich auswirkt:

„Das Mysterium coniunctionis ist die Angelegenheit des Menschen. Er ist der nymphagogos (Brautführer) der himmlischen Hochzeit. Wie kann sich ein Mensch von diesem Geschehen distanzieren?"[69]

Hieros Gamos oder Heilige Hochzeit ist eine in der fernöstlichen wie in der westlichen Welt, im Alten Orient und in der griechisch-römischen Antike allgemein bekannte Vorstellung, wenngleich die Sache selbst vom Schleier des Mysteriums umgeben ist. Von diesem Geheimnis, daß Gott und Göttin, auch Gott und Mensch Hochzeit feiern, erzählt der Mythos in unzähligen Variationen. Der Tiefenpsychologe Erich Neumann bezeichnet in diesem Zusammenhang den Mythos als die immer „unbewußte Selbstdarstellung derartiger für die Menschheit entscheidender Lebenssituationen, und er ist unter anderem für uns schon deswegen von Bedeutung, weil wir an seinen durch kein Bewußtsein getrübten Selbstaussagen den echten Erfahrungsbestand der Menschheit ablesen können."[70]

Die menschliche Erfahrung der ehelichen Vereinigung und die über die Einzelperson hinausweisende Erfahrung eines Numinosen, Göttlichen, d.h. Religion und Eros kommunizieren hier miteinander. Und eben dieses konkret-spirituelle Darüber-hinaus macht die Heilige Hochzeit zum Mysterienvorgang, zum religiösen Fest, das den Menschen innerhalb seines Kultverbandes im Innersten angeht. Denn, so könnte man mit Ulrich Mann die hier gemeinte Wirklichkeit andeuten:

„Paarung gibt es auch im Tierreich, Trauung ist meist nur ein standesamtlicher Registrierakt, Hochzeit aber ist etwas im innersten Wesen Mythisches, etwas Heiliges, sollte man sagen. Der Begriff des ‚Hieros Gamos' drückt das aus, er ist der rituelle Nachvollzug des göttlichen Hochzeitsspiels. Kinder spielen Hochzeit, und sie spielen immer die Märchenhochzeit nach, die von Lichtheld und Königstochter. ‚Und wenn sie nicht gestorben sind ...', die heitere Schlußwendung umspielt die ernste Wahrheit, daß die heilige Hochzeit im Grund kein Ende hat, sondern immerwährende Feier ist. Denn im Göttlichen ist alles ewig."[71]

Und so könnte man fortfahren: Teilhabe an der Ewigkeit ist dort beabsichtigt, wo der Ritus vollzogen oder wo er mythisch erzählend bezeugt wird – und seine Verkündigung ist qualitativ mehr als eine Mitteilung, die sich lediglich an das Informationsbedürfnis wendet. Es stellt sich freilich die Frage, inwiefern und auf welche Weise der heutige Mensch Mitbeteiligter, Mitakteur einer Heiligen Hochzeit ist, inwiefern darin *seine* Sache verhandelt wird.

Aus der bisherigen Darstellung geht hervor, daß diese Frage dann bejaht werden kann, wenn man sieht, in welcher Situation wir uns befinden, als Einzelmenschen, aber auch als Gesamtmenschheit. Zu den Grunderfahrungen gehört eben beides: daß der Mensch weder mit sich selbst noch mit seiner Um- und Mitwelt in Einklang lebt. Nichts sehnen wir so sehr herbei wie die Aufhebung dieses wesenhaften Getrenntseins und der Disharmonie. Dies umso mehr heute, wo der einzelne wie die menschliche Gemeinschaft die existentielle Bedrohung bzw. Selbst-Bedrohung durch innere und äußere Gegensätze in so extremer Weise erfährt. Beispiele erübrigen sich. Wir sind Opfer und Verursacher unserer Situation. Deshalb ist – unausgesprochen oder deutlich artikuliert – Heilige Hochzeit als die Aufgabe der Gegensatzvereinigung in der Tat *unser Thema*, ob wir uns dessen bewußt sind oder nicht. Die Tiefenpsychologie hat es bearbeitet. Dem Menschen der Lebensmitte ist es zur Bearbeitung aufgegeben, etwa (wie im Kapitel „Individuation..." angezeigt) in der bewußten Konfrontation mit dem Seelenbild von Anima bzw. Animus. Doch zuvor einige Erscheinungsformen des Motivs:

Dem allgemeinen Bewußtsein hat sich heute das Polaritätssymbol von Yang und Yin eingeprägt, auch wenn die allerwenigsten die genauen Zusammenhänge kennen, die es innerhalb der taoistischen Philosophie des alten China hat. Man übersehe nicht, in welcher Vielfalt das Motiv der Heiligen Hochzeit in der westlichen Tradition vorkommt. Daß Hochzeit in unzähligen Volksmärchen auftaucht und dort zum Zielbild des Erstrebten und Ersehnten geworden ist, steht fest. Um die Gegensatzvereinigung auf die Spitze zu treiben, vermählt sich nicht irgendein Paar. Oft ist es ein armes, verachtetes Mädchen, das „Aschenputtel", das den Königssohn heiratet; bzw. ein junger Mann, offensichtlich ohne Chancen, ein „Dummling" wie „das tapfere Schneiderlein", der die scheinbar unerreichbare Königstochter bekommt...

Bedingt durch die alten Kulturen im Umkreis Israels ist das Bild der Götterhochzeit auch im Alten Testament bekannt. Im Hohenlied blüht der Wechselgesang zweier Liebender auf, offensichtlich eine Liturgie Heiliger Hochzeit. Jahve wirbt um sein auserwähltes Volk wie ein Bräutigam um seine Braut. Dasselbe Bild kehrt im Neuen Testament wieder, wo eine hochzeitliche Stimmung über dem Tun des Christus liegt, in den Gleichnissen, in den Briefen des Apostels Paulus, schließlich überhöht von der Hochzeit des Lammes im letzten Buch der Bibel.

Und so kann es nicht verwundern, wenn auch die außerbiblischen, die gnostischen und apokryphen Schriften das zarte Geheimnis bedenken und besingen. Von der Tochter des Lichtes, auf der der Abglanz der Könige ruht, heißt es in den apokryphen Thomasakten:

> Ihr Brautgemach duftet von Balsam
> und allen Aromen,

Gibt süßen Wohlgeruch von Myrrhen
und Laubwerk,
Drinnen sind Myrtenzweige
und duftende Blumen gebreitet,
Das Brautbett mit Schilfrohr geschmückt.
Ihre Brautführer, sieben an der Zahl,
die vor ihr dienen,
Und die ihr unterworfen sind.
Sie richten den Blick auf den Bräutigam hin,
Um durch seinen Anblick erleuchtet zu werden.
Und auf ewig werden sie ihm sein zu ewiger Freude,
Und sie werden bei der Hochzeit sitzen,
zu der sich die Großen versammeln ...
Und sie preisen samt dem lebendigen Geiste
Den *Vater* der Wahrheit und die *Mutter* der Weisheit.

So ist über alle eine Stimmung freudiger Erwartung gebreitet. Sie findet kein Ende. Vielmehr wird das große Thema wieder und wieder angeschlagen: in der Kabbala, der mystischen Tradition des Judentums; in den Zeugnissen christlicher Mystik in Gestalt der mystischen Hochzeit (unio mystica); Jakob Böhme, seine Schüler und Nachfahren bezeugen ihre Erfahrungen mit der göttlichen Sophia; die Alchymisten und die von „Christian Rosenkreutz" Inspirierten vollziehen die „Chymische Hochzeit"; bei Novalis, dem Frühvollendeten der Romantik, lautet die Arkanformel: „Christus und Sophie" ...[72]

Erkenntnishilfe der Tiefenpsychologie

Was soll die Fülle all der Bilder und der Symbole, die alle das Mysterium coniunctionis zum Inhalt haben, wenn ich keinen inneren Zugang dazu finde? Hier hat die Archetypische Psychologie eine nicht zu unterschätzende Erkenntnishilfe zu leisten. (Wir kommen damit nochmals auf die eingangs besprochene Individuation oder Selbst-Werdung zurück, in der unser Thema bereits angeklungen ist.)

Zunächst ist daran zu erinnern, daß unser bewußtes und somit überschaubares Leben noch nicht die Ganzheit seelischer Wirklichkeit repräsentiert. Die „Nachtseite der Seele" will mitberücksichtigt werden. Und niemand vernachlässigt die Anforderungen aus dem Unbewußten ungestraft. Anders kommt die Ganzheit der Person nicht in den Blick. *Beide* Hemisphären des Menschlichen verlangen eine Annäherung, soll die Suche nach dem Sinn zum Ziel führen. Sie kann nur *in* jedem einzelnen vollzogen werden. Insofern ist Heilige Hochzeit ein Geschehen, auch ein Zielbild, das menschliche Reifung zur Anschauung bringt. Mit anderen Worten: die Hochzeit von König und Königin im Märchen bzw. im Mythos oder die gottmenschliche Liebesvereinigung, die die Mystikerinnen und Mystiker bezeugen, sie gehört zum Erfahrungsschatz der ganzen Menschheit, der wir ausnahmslos angehören. Folglich ist eine Auseinandersetzung damit geboten, besonders in derjenigen Phase unserer Menschwerdung, in der sie sich als Aufgabe stellt, eben von der Lebensmitte an.

Neue Horizonte tauchen vor uns auf.

Es sind die Horizonte jener Wirklichkeit, die über unser Alltags-Ich hinausreicht. Man erschließt sie aber nicht etwa dadurch, daß man die Technik des Beobachtens im mikroskopischen oder im Makrobereich verfeinert, sondern indem man sich zu einer völlig neuen Sichtweise bequemt, eben zu jener, die das Unbewußte – das Persönliche wie das Überpersönlich-Archetypische – einbezieht. Jenes Alltags-Ich, das nicht mit der „ewigen Individualität" oder unserem wahren Selbst zu verwechseln ist, wird auch ohne unser individuelles Zutun „sozialisiert" bzw. angepaßt. Dafür sorgt „die Gesellschaft" in Gestalt unserer

Eltern, Erzieher, Vorgesetzten, Politiker usw. Die Frage nach der Bedeutung und nach der Sinnhaltigkeit dieses Lebens wird auf diese Weise aber nicht beantwortet.

Spätestens wenn tiefgreifende Lebenskrisen ihre Signale setzen, Signale, die uns jenes Selbst gibt, stellt sich die Aufgabe, von der wir sprechen. Von der notwendigen „Bearbeitung" unserer Negativseite, d. h. des „Schattens" war schon die Rede, auch von der Integration des gegengeschlechtlich erscheinenden „Seelenbildes" von Anima und Animus. An dieser Stelle mag der Hinweis genügen, daß das Motiv der Hochzeit als ein innerseelischer Faktor zum Zuge kommt. Gilt es – wie wir gesehen haben – den Schatten zurückzunehmen, also darauf zu verzichten, die eigene Negativität auf andere zu projizieren, so hat ähnliches mit der Anima- bzw. Animus-Projektion zu geschehen. Denn zum Mannsein gehört die Anima ebenso wie der Animus zur Vervollständigung der Frau. Damit ist die Entdeckung verbunden, daß ich auch gegengeschlechtlich erscheinende Qualitäten in mir trage, die ihre Entfaltung bzw. Aktivierung verlangen. Die Einseitigkeit des Mannseins bzw. des Frauseins bedarf der Ergänzung durch die – in der Regel unentdeckte, unentfaltete – Polarität, die in uns steckt, als eine innere Männlichkeit bei der Frau und eine innere Weiblichkeit beim Mann.

Wie wir dieser inneren Gefährtin bzw. diesem inneren Gefährten inne werden, so daß wir uns mit ihr bzw. mit ihm verbinden können? – Beispielsweise durch die Sehnsucht, über den eigenen Schatten zu springen und zu dem Selbst zu werden, das in uns veranlagt ist, also wieder ganz zu werden. Und wie werden wir das? Indem wir jenen Zug unseres Wesens zulassen – auch im Zusammenleben mit anderen –, dessen wir uns vielleicht schämen, weil wir etwa gewohnt sind, den „starken Mann zu spielen", der keine Gefühle zeigt und Regungen der Fürsorglichkeit und der Zärtlichkeit unterdrückt. Oder weil wir (immer noch?) die unselbständige, „nur weibliche", schwache Frau sein wollen, die ihre Männlichkeit ausschließlich in entsprechend „imponierenden" Männern meint finden zu können.

Die Aufgabe und der Entschluß, die eine jeweils individuelle Antwort verlangen, könnte demnach lauten: Ich will nicht allein meine zwischenmenschlichen Beziehungen kultivieren. Gleichzeitig will ich mich mit meiner inneren Weiblichkeit bzw. Männlichkeit anfreunden, sie lieben, mich mit ihr verbinden – und seien immer neue Anläufe dazu nötig. Gemeint ist eine Liebe, die vor dem Horizont des Jesus-Wortes steht: „Du sollst deinen nächsten lieben wie *dich selbst.*" Die Beziehung zum konkreten Du, es sei Mann oder Frau, wird dadurch nicht etwa reduziert, gewiß aber vertieft und intensiviert. Unser Leben wird reicher, weil die innen erfahrene Vereinigung schließlich auch unsere Beziehung zur Natur und zu allem Kreatürlichen verändert. Denn wer beispielsweise als Mann Sensibilität für seine innere Weiblichkeit entwickelt, der wird nicht allein seine Einschätzung „der Frau" verändern, sondern auch zur „Mutter Natur", ohne einem regressiven matriarchalen Naturkult („Zurück zur Natur") zu verfallen, wie er heute freilich zu beobachten ist.

Daß diese Veränderung und Ganzwerdung Auswirkungen haben kann, die ein neues, umfassendes Christus-Verständnis vorbereitet, nämlich zum *kosmischen Christus* hin, läßt sich an Leben und Werk des französischen Jesuiten, des Naturforschers und Mystikers Teilhard de Chardin veranschaulichen, wie es sein Biograph Günter Schiwy unternommen hat. Interessanterweise bringt Teilhard diese Tatsache mit seiner Persönlichkeitsreifung nach dem 30. Lebensjahr in Verbindung:

„Seit meiner Kindheit unterwegs, das Herz der Materie zu entdecken, war es unvermeidlich, daß ich mich eines Tages von Angesicht zu Angesicht dem Weiblichen gegenüber fand. – Das Seltsame ist nur, daß die Begegnung offensichtlich mein dreißigstes Lebensjahr abgewartet hat, um sich zu ereignen. – So groß war für mich die Faszination durch das Unpersönliche und Allgemeine. Deshalb die seltsame Verzögerung. Aber eine fruchtbare Verzögerung. Denn da die neue Energie meine Seele genau in diesem Augenblick durchdrang, am Vorabend des (Ersten Welt-)Krieges, als der kosmische Sinn und der menschliche Sinn in mir gerade aus ihrem Kindheitsstadium heraustraten, kam sie nicht mehr in Gefahr, meine Kräfte abzuziehen oder zu zerstreuen, sondern traf auf eine Welt der geistigen Neigungen ..."[73]

Was der französische Ordensmann „seltsam" nennt, erweist sich dann gar nicht mehr so seltsam, wenn man zur äußeren, auf die Materie gerichteten Dimension die innerseelische hinzufügt. Doch hier sollte nur gesagt werden, daß eine positiv gestimmte Beziehung zur inneren Weiblichkeit beim Mann auf die äußere Materie (kommt von ‚Mater', Mutter!) ausstrahlen muß. Hier wird das innen Erfahrene realisiert.

Wie soll das zugehen?

So etwa lautete schon die Frage des Nikodemus. Nun kennt die Archetypische Psychologie C. G. Jungs den „Ritus" der circumambulatio, d. h. die Umkreisung der Mitte. In unserem Zusammenhang soll das besagen: Geistig-seelische Realitäten lassen sich nicht frontal angehen. Man kann ihrer nicht durch Anwendung eines bestimmten technischen Tricks habhaft werden. Es geht eben nicht um ein irgendwo draußen liegendes Objekt. Immer bin ich selbst der Betroffene. Immer wird meine Sache verhandelt. Jedenfalls gibt es keine ein für allemal anwendbare Methode, mit der man etwa das Mysterienbild der Göttin von Sais entschleiern könnte; Novalis drückt es so aus:

Einem gelang es, er hob den Schleier
der Göttin von Sais,
Aber was sah er? Er sah – Wunder des Wunders –
sich selbst!

Und welchen Beitrag hat die Tiefenpsychologie zu unserem Themenkreis zu leisten? – C. G. Jung geht so weit, unverblümt zu sagen:

„Der Leser darf sich nicht vorstellen, daß die Psychologie irgendwie in der Lage wäre zu erklären, was ‚höhere Begattung', mithin was *con-iunctio* und was *psychische Schwangerschaft* und gar, was das *Seelenkind* ist ... Die wissenschaftliche, d. h. unvoreingenommene Beobachtung, die nichts als die Wahrheit sucht, muß sich vor vorschneller Bewertung und Deutung hüten, denn sie steht hier vor *seelischen Tatsachen,* die das intellektuelle Urteil nicht unterschlagen und betrügerisch aus der Welt schaffen kann."[74]

Und was die erwähnte „Umkreisung der Mitte" betrifft, so ist ihr Sinn vertrauter, als es auf den ersten Blick der Fall zu sein scheint. Wohl gibt es den spontanen „ersten Blick" und das Ein-für-allemal, etwa einer Liebesbegegnung. Es gibt aber eben auch das Mal-um-Mal der Wiederholung, etwa eines Ritus, der uns tiefer, inniger vertraut werden läßt mit dem „Gegenstand" und Sinn dieses Ritus. Dabei ist es letztlich gleichgültig, ob man imstande ist, die etwaige theologische Bedeutsamkeit exakt zu definieren. Religiöse Erfahrung ist nicht an die Formulierbarkeit theologischer „daß"-Sätze gebunden.

Vor allem der Meditierende „weiß", er weiß es eben aus Erfahrung, welche Kraft von jener Umkreisung der Mitte ausgeht. Sie veranlaßt ihn, immer wieder von neuem den Zustand geistig-seelischer Sammlung herzustellen, den inneren Blick auf die Mitte des Meditationsgegenstandes gerichtet, mit dem er sich verbinden will. Und schließlich mag der meditative Prozeß der Konzentration in den Zustand der ganz absichtslosen, passiv erscheinenden Kontemplation übergehen, einen Zustand, in dem man ohne Gegenstand, ohne Bild oder Begriff auskommt, weil die Geistes-Gegenwart allein von Belang ist.

Damit ist der Bannkreis des Mysterium coniunctionis betreten. Es ist erfahrbar, aber nicht aufweisbar. Und wenn etwas aufweisbar, abbildbar, sagbar wäre, so wäre es nicht das Eigentliche. Denn – so spricht die taoistische Weisheit:

„Die es wissen, sagen es nicht; und die es sagen, wissen es nicht."

Und doch muß immer wieder der Versuch unternommen werden, die Mysterien zu umkreisen und zu bezeugen, wie es schon die erste Christenheit getan hat, etwa wenn Jesus im Thomas-Evangelium (Logion 22) zu seinen Jüngern sagt:

„Wenn ihr die zwei zu einem macht und wenn ihr das Innere wie das Äußere macht und das Äußere wie das Innere und das Obere wie das Untere, und wenn ihr das Männliche und das Weibliche zu einem einzigen macht, so daß das Männliche nicht mehr männlich und das Weibliche nicht mehr weiblich ist ... dann werdet ihr in das Reich eingehen."

Und das Philippus-Evangelium (Logion 60):

„Das Mysterium der Hochzeit ist groß ... Der Bestand der Welt sind die Menschen. Ihr Bestand aber ist die Gemeinschaft der Hochzeit. Erkennt die unbefleckte Gemeinschaft, denn sie besitzt eine große Kraft!"[75]

Sieger Köder, Vollendung, Heilig-Geist-Kirche in Ellwangen

Heilige Hochzeit als die Aufgabe der Gegensatzvereinigung ist in der Lebensmitte unser Thema, ob wir uns dessen bewußt sind oder nicht: Es verschmelzen Mann und Frau, Bewußtes und Unbewußtes, Gott und Mensch.

Worte des Geleits auf dem Weg

Wandlung

Löse dich von Haus und Haft,
Ehe der Herd verglimmt.
Denn zu Gottes Wanderschaft
Bist du vorbestimmt

Namenloses Zeitenkind,
Baum im Wanderschuh!
Was am Prellstein hockt und sinnt,
Das bist nicht mehr Du.

Gib dich der verborgnen Hand,
Die dich angerührt.
Hebe dich vom Grabenrand.
Geh, du bist geführt.

Werner Bergengruen

Chancen zu neuem Leben

Die Grundgefahren menschlichen Lebens werden zu Grundchancen, zu einem neuen Leben. Dreierlei kann menschliches Leben unerträglich machen: Die Angst vor der Vernichtung, die Verzweiflung am Absurden und die Trostlosigkeit der Vereinsamung.

Der Mensch sucht Sicherheit, Sinn und Liebe, und wo eines dieser drei völlig fehlt, steht sein Leben vor einer mit natürlichen Mitteln nicht mehr zu überwindenden Schranke.

Wo das natürliche Ich an dieser Schranke zerbricht, kann ein neuer Mensch geboren werden. Und wenn für den natürlichen Menschen Leiden, Krankheit und letzten Endes Sterben die großen Feinde sind, die der Arzt bekämpft, so können gerade sie auf dem initiatischen Weg zu einem Sprungbrett werden in eine Wirklichkeit, in der ein neues Leben anfängt; ein Leben, das seinen Sinn im Erfahren und Bezeugen der überweltlichen Wirklichkeit findet, und nicht mehr nur im Bestehen, Meistern und Genießen der Welt.

Karlfried Graf Dürckheim

Der Engel spricht

Gehorche. Was für ein Lohn dir bereitet?
Ich habe dir keine Verheißung zu sagen.
Dir zu Füßen ist Meer gebreitet.
Unberaten und unbegleitet
mußt du das Wagnis des Petrus wagen.
Ob dich die Wellen wie Hände tragen,
ob der Herr dir entgegenschreitet, –
ich weiß es nicht, und du darfst mich nicht fragen.

Werner Bergengruen

Stufen

Wie jede Blüte welkt und jede Jugend
Dem Alter weicht, blüht jede Lebensstufe,
Blüht jede Weisheit auch und jede Tugend
Zu ihrer Zeit und darf nicht ewig dauern.
Es muß das Herz bei jedem Lebensrufe
Bereit zum Abschied sein und Neubeginne,
Um sich in Tapferkeit und ohne Trauern
In andre, neue Bindungen zu geben.
Und jedem Anfang wohnt ein Zauber inne,
Der uns beschützt und der uns hilft, zu leben.

Wir sollen heiter Raum um Raum durchschreiten,
An keinem wie an einer Heimat hängen,
Der Weltgeist will nicht fesseln uns und engen,
Er will uns Stuf' um Stufe heben, weiten.
Kaum sind wir heimisch einem Lebenskreise
Und traulich eingewohnt, so droht Erschlaffen;
Nur wer bereit zu Aufbruch ist und Reise,
Mag lähmender Entwöhnung sich entraffen.

Es wird vielleicht auch noch die Todesstunde
Uns neuen Räumen jung entgegensenden,
Des Lebens Ruf an uns wird niemals enden . . .
Wohlan denn, Herz, nimm Abschied und gesunde.

Hermann Hesse

Geh nun auf deine Altersstufen über,
nämlich auf die als Kind,
die als Jüngling,
die Manneszeit, das höhere Alter.
Auch bei diesen
ist jeder Wechsel Tod.
Doch nichts Arges.
Geh nun zu deinem Leben
unter deinem Großvater über,
dann zu dem unter deiner Mutter,
dann zu dem unter deinem Vater.
Aber auch wenn du viele
andere Arten von Untergang,
Wechsel und Aufhören findest,
frag dich:
Das ist doch nichts Arges?
So also auch nicht das Aufhören,
das Ende und der Wechsel
deines ganzen Lebens.

Marc Aurel

Vom Sinn des Alterns

Im tiefsten Sinn sein Leben vollenden kann nur, wer bis zum Ende im Zunehmen und Reifen bleibt. Umgekehrt: Wo immer wir stehenbleiben und am Gewordenen, insbesondere auch an gewissen Vorstellungen haften, die wir uns einmal von unserem Leben und seinem Sinn gemacht haben, verschließen wir uns dem, was in uns und durch uns aus unserem tiefsten Wesen heraus ans Licht will.

Wo aber der alternde Mensch sein Altwerden annimmt und bis ans Ende bereit ist, da kann er erfahren, daß gerade das Nachlassen seiner natürlichen Kräfte einem Übernatürlichen in ihm das Hervorkommen erleichtert. Er kann spüren, wie – er losläßt und sich dreingibt – ein anderes, größeres Leben ihn von innen her anspricht und ihn, wenn er zu hören lernt, mit einem völlig neuen Lebensklang beglückt.

Karlfried Graf Dürckheim

Soll Gott in dir aufleuchten ...

Wahrhaftig, willst du diese edle Geburt (Gottes im Seelengrund) finden, so mußt du ‚die Menge' verlassen und mußt zum Ursprung umkehren, zu jenem Grund, aus dem du gekommen bist.

Die ‚Menge', das sind die naturhaften Kräfte der Seele und ihr Treiben ... die dich allesamt zerstreuen. Darum mußt du sie alle lassen, die Sinnenhaftigkeit und das Hängen an den Bildern; kurz alles, in dem du dich selber vorfindest und dich meinst. Dann erst kannst du die Geburt finden; wahrhaftig, anders nicht ...

Soll Gott göttlich in dir aufleuchten, so ist dein natürliches Licht völlig überflüssig. Mehr noch: es muß zu einem totalen Nichts werden und sich völlig aufgeben. Dann erst kann Gott mit seinem Licht hineinleuchten. Und er bringt all das mit sich, von dem du dich entfernt hast, und dies tausendfältig. Dazu bringt er eine neue Form hervor, die alles in sich beschließt.

Meister Eckhart

Der Mensch soll zu all seinen Werken und in allen Dingen von seiner Vernunft sorgfältig Gebrauch machen. Er soll in allen Dingen ein klares Bewußtsein haben von sich selbst und von seiner Innerlichkeit. In allen Dingen soll er Gott in der ihm höchstmöglichen Weise ergreifen.

Denn der Mensch soll so sein, wie unser Herr sprach: ‚Ihr sollt sein wie die Leute, die alle Zeit wachen und ihren Herrn erwarten.' Wahrlich, solche erwartende Leute sind wachsam und üben Umsicht, wo der herkomme, den sie erwarten. Und sie erwarten ihn in allem, was da ankommt, wie fremd es ihnen auch erscheine, ob er nicht selbst eben darin sei.

So sollen wir ganz bewußt in allen Dingen nach unserem Herrn Ausschau halten. Dazu gehört notwendigerweise Fleiß. Alles muß man sich kosten lassen, alles was man nur mit Sinnen und Kräften zu leisten vermag. So wird es mit den Leuten recht, und sie ergreifen Gott in allen Dingen gleich. Sie finden dann Gott in allen Dingen gleichviel, obwohl ein jedes Werk anders ist... Darum lerne der Mensch seinen Gott in allen Dingen gegenwärtig zu haben. Er lerne dabei unbehindert zu bleiben in allen Werken und an allen Orten.

Meister Eckhart

Was hilft das der Seele, daß sie den Weg zu Gott weiß und den nicht gehen will, gehet aber den Irrweg und erreicht Gott nicht? Was hilft das der Seele, daß sie sich der Kindschaft Christi, seines Leidens und Todes tröstet und sich selber heuchelt, mag aber nicht in die kindliche Geburt eingehen, daß sie ein wahres Kind aus Christi Geist, aus seinem Leiden, Tod und Auferstehung geboren werde?

Gewiß und wahrhaftig: Das Kitzeln und Heucheln mit Christi Verdienst, außer der wahren eingeborenen Kindschaft, ist falsch und erlogen; es lehre es, wer da wolle.

Darum wisset, daß wir hier in diesem Leben Arbeiter und nicht Müßiggänger sind, denn die Geburt des Lebens ist ein steter Streit und eine Arbeit. Je mehr wir werden in Gottes Weinberge arbeiten, je mehr werden wir Früchte erlangen und ewig genießen, und gelangen zu unserem Selbstbau ...

Es muß ein großer mächtiger Ernst sein, nicht nur ein Lernen und Wissen, sondern ein Hunger und großer Durst nach dem, das ich begehre, daß ichs mir einbilde und mit dieser Ein-Bildung eigentümlich fasse (d. h. als Eigentum ergreife) und nehme, das ist: glauben.

Jakob Böhme

Der Cherubinische Wandersmann spricht

Blüh auf, gefrorner Christ, der Mai ist vor der Tür,
Du bleibest ewig tot, blühst du nicht jetzt und hier.

Ich glaube keinen Tod; sterb ich gleich alle Stunden,
So hab ich jedes Mal ein besser Leben funden.

Nicht Gott gibts Himmelreich; du selbst mußts zu dir ziehn
Und dich mit ganzer Macht und Eifer drum bemühn.

Der Mensch, der seinen Geist nicht über sich erhebt,
Der ist nicht wert, daß er im Menschenstande lebt.

Mensch werde wesentlich; denn wenn die Welt vergeht,
So fällt der Zufall weg, das Wesen, das besteht.

Entwächsest du dir selbst und aller Kreatur,
So wird dir eingeimpft die göttliche Natur.

Berührt dich Gottes Geist mit seiner Wesenheit,
So wird in dir geborn das Kind der Ewigkeit.

Mein Christ, du mußt dich selbst durch Gott vom Schlaf erwecken,
Ermunterst du dich nicht, du bleibst im Traume stecken.

Mensch, stirbest du nicht gern, so willst du nicht dein Leben;
Das Leben wird dir nicht als durch den Tod gegeben.

Halt an, wo läufst du hin – der Himmel ist in dir;
Suchst du Gott anderswo, du fehlst ihm für und für.

Freund, so du etwas bist, so bleib nur ja nicht stehn;
Man muß aus einem Licht fort in das andre gehn.

Angelus Silesius

Selige Sehnsucht

Sagt es niemand, nur den Weisen,
Weil die Menge gleich verhöhnet,
Das Lebend'ge will ich preisen,
Das nach Flammentod sich sehnet.

In der Liebesnächte Kühlung,
Die dich zeugte, wo du zeugtest,
Überfällt dich fremde Fühlung
Wenn die stille Kerze leuchtet.

Nicht mehr bleibest du umfangen
In der Finsternis Beschattung
Und dich reißet neu Verlangen
Auf zu höherer Begattung.

Keine Ferne macht dich schwierig,
Kommst geflogen und gebannt,
Und zuletzt, des Lichts begierig,
Bist du, Schmetterling, verbrannt.

Und solang du das nicht hast,
Dieses *Stirb und Werde!*
Bist du nur ein trüber Gast
Auf der dunklen Erde.

Johann Wolfgang von Goethe

Der erste Mensch ist von der Erde
und irdisch;
der andere Mensch ist vom Himmel.

Und wie wir getragen haben
das Bild des irdischen,
so werden wir auch tragen
das Bild des himmlischen.

Denn dieses Verwesliche muß anziehen
die Unverweslichkeit
und dies Sterbliche muß anziehen
die Unsterblichkeit.

Paulus im ersten Brief an die Korinther 15,47 ff.

Anmerkungen

1 Hierzu u.a. H. E. Lauer, Vom richtigen Altwerden. Der menschliche Lebenslauf, seine geschichtlichen Wandlungen und seine Gegenwartsprobleme. Freiburg 1972.
Rudolf Treichler, Die Entwicklung der Seele im Lebenslauf. Stuttgart 1981.
2 Rudolf Meyer, Rhythmische Geheimnisse. Stuttgart 1956, 46.
3 C. G. Jung, Die Lebenswende, in: Ges. Werke VIII, 451.
4 Ders. a. a. O.
5 Ders. a. a. O. 455 f.
6 Angelus Silesius, Der Cherubinische Wandersmann I, 61, hrsg. von Gerhard Wehr, Edition Argo im Dingfelder Verlag. Andechs 1991.
7 Meister Eckhart, Die Gottesgeburt im Seelengrund. Freiburg 1990, 94 (Herderbücherei 1610).
8 Ders. a. a. O. 118
9 Johannes Tauler, Predigten, hrsg. von Georg Hofmann. Einsiedeln 1979, 626.
10 Ders. a. a. O. 13.
11 Von ähnlichen frustrierenden Erlebnissen berichten auch angehende Psychologen.
12 C. G. Jung, Die Beziehungen zwischen dem Ich und dem Unbewußten, in: Ges. Werke VII, 191.
13 Ders. a. a. O. 192.
14 C. G. Jung, Seele und Tod, in: Ges. Werke VIII, 466.
15 Ders. a. a. O.
16 Bernhard Lievegoed, Lebenskrisen – Lebenschancen. München 1979.
17 Gerhard Adler, Zur Analytischen Psychologie. Zürich 1952.
18 Jolande Jacobi, Der Weg zur Individuation. Zürich 1965, 137.
19 Aniela Jaffé, Der Mythus vom Sinn im Werk von C. G. Jung. Zürich 1967, 88.
20 Emma Jung, Animus und Anima. Zürich 1967, 12.
21 Jürg Wunderli, Stirb und Werde. Fellbach 1980, 94.
22 Ders. a. a. O. 95.
23 C. G. Jung, Briefe Bd. II, 291.
24 Walter Grundmann, Das Evangelium nach Lukas. Ost-Berlin 1958, 110 ff.
25 Eugen Drewermann, Tiefenpsychologie und Exegese I. Olten-Freiburg 1984, 331.

26 Rivkah Kluger-Schärf, Einige psychologische Aspekte des Gilgamesch-Epos, in: Aspekte Analytischer Psychologie, hrsg. von Dieckmann, Meier, Wilke. Basel-München 1975, 232.

27 Emma Jung/Marie-Louise von Franz, Die Gralslegende in psychologischer Sicht. Zürich 1960, 38 (Studien aus dem C. G. Jung-Institut Zürich XII).

28 Die vollständigen Texte der drei Schriften sind enthalten in: Die Bruderschaft der Rosenkreuzer, hrsg. von Gerhard Wehr. Köln 1984 (Diedrichs Gelbe Reihe 53).

29 Lutz Müller, Der Held – Jeder ist dazu geboren. Stuttgart '87.

30 Erich Neumann, Kulturentwicklung und Religion. Zürich 1953, 62.

31 Karlfried Graf Dürckheim, Das Tor zum Geheimen öffnen, hrsg. von Gerhard Wehr. Freiburg (Herderbücherei 1632) 1989, 61.

32 Die Darstellung dieses Kapitels folgt z. T. dem Beitrag des Autors in: Haus in der Zeit – Das evangelische Pfarrhaus, hrsg. von Richard Riess. München 1979, 79–89.

33 C. G. Jung, Briefe III, 354.

34 Ders., Briefe III, 22.

35 Ders., Erinnerungen, Träume, Gedanken. Zürich 1962, 19.

36 Ders., a. a. O. 20.

37 A. a. O. 48.

38 Ders., Die Bedeutung des Vaters für das Schicksal des Einzelnen, in: Ges. Werke IV, 363 f.

39 Ders., Erinnerungen, Träume, Gedanken, 80

40 A. a. O. 98.

41 Ders., Briefe II, 495.

42 Ders., Erinnerungen ... 99.

43 Ausführlicher in Gerhard Wehr, Tiefenpsychologie und Christentum – „Gott und die Seele will ich erkennen". Pattloch Verlag Augsburg 1990.

44 C. G. Jung, Erinnerungen ... 47.

45 Ders., Briefe II, 114.

46 Vgl. Paulus an die Galater 1,12; 1,16.

47 C. G. Jung, Briefe I, 278.

48 Ders., Briefe II, 495.

49 Ders., Briefe I, 437.

50 Ders., Briefe I, 68.

51 Vgl. die Biographie Gerhard Wehr, Carl Gustav Jung. Leben, Werk, Wirkung. Kösel Verlag München 1985.

52 C. G. Jung, Erinnerungen ... 193.
53 Grundlegendes in: Therapie durch künstlerisches Gestalten, hrsg. von K. H. Türk und J. Thies. Stuttgart 1986.
54 C. G. Jung, Erinnerungen ... 334.
55 Gerhard Wehr, Esoterisches Christentum. Aspekte, Impulse, Konsequenzen. E. Klett Verlag Stuttgart 1975; ders., Die Deutsche Mystik. Mystische Erfahrung und theosophische Weltsicht. O. W. Barth Verlag München 1988.
56 C. G. Jung, Erinnerungen ... 335 f.
57 Hermann Kügler, Exerzitien als Individuationsprozeß. Die Deutung der Geistlichen Übungen des Hl. Ignatius durch C. G. Jung, in: Theologie und Philosophie 64. 1989, 334–363.
58 A. N. Ammann, Aktive Imagination. Darstellung einer Methode. Olten-Freiburg 1978.
59 Solche Übungen sind u. a. im größeren Zusammenhang dargestellt und erläutert in Gerhard Wehr, Der innere Weg. Anthroposophische Erkenntnis und meditative Praxis. Rowohlt Verlag Reinbek 1983.
60 Martin Buber, Die Erzählungen der Chassidim. Zürich 1949, 647. – Vgl. ferner Gerhard Wehr, Martin Buber – Leben, Werk, Wirkung. Diogenes Verlag 1991.
61 Martin Buber a. a. O. 343.
62 C. G. Jung, Psychologie und Alchemie, in: Ges. Werke XII, 24 f.
63 Uwe Steffen, Taufe. Ursprung und Sinn des christlichen Einweihungsritus. Stuttgart 1988, 82.
64 Über Initiation und Arkandisziplin in der frühen Kirche vgl. Gerhard Wehr, Esoterisches Christentum. Stuttgart 1975, 53 ff.
65 C. G. Jung, Über die Archetypen des Kollektiven Unbewußten, in: Ges. Werke IX, 1. Teil 33.
66 Ulrich Mann, Theogonische Tage. Die Entwicklungsphasen des Gottesbewußtseins in der altorientalischen und biblischen Religion. Stuttgart 1970, 64.
67 Jolande Jacobi, Der Weg zur Individuation. Zürich 1965, 155.
68 Gerhard Wehr, Heilige Hochzeit. Symbol und Erfahrung menschlicher Reifung. Kösel Verlag München 1986.
69 C. G. Jung, Briefe II, 242.
70 Erich Neumann, Amor und Psyche. Deutung eines Märchens. Ein Beitrag zur seelischen Entwicklung des Weiblichen. Olten-Freiburg 1979, 72.
71 Ulrich Mann, Die Religion in den Religionen. Stuttgart 1975, 220.

72 Hierzu die Darstellung in G. Wehr, Heilige Hochzeit (Anmerkung 68).

73 Pierre Teilhard de Chardin, zit. nach Günter Schiwy, Der kosmische Christus. München 1990, 34 f.

74 C. G. Jung, Die Psychologie der Übertragung, in Ges. Werke XVI, 271.

75 Die vollständigen Texte der beiden apokryphen Evangelien sind enthalten in: Apokryphe Evangelien aus Nag Hammadi, hrsg. von Konrad Dietzfelbinger. Andechs 1988 (Edition Argo).

Quellenhinweise zu „Worte des Geleits auf dem Weg"

W. Bergengruen, von der Richtigkeit der Welt. Ausgewählt und eingeleitet von N. Luise Hackelsberger. Herderbücherei 1533, 31 und 44. (S. 168, 169)

K. Graf Dürckheim, Von der Erfahrung der Transzendenz, Herder Freiburg 1984, 165 f. (S. 168 f.)

K. Graf Dürckheim, Vom doppelten Ursprung des Menschen, Herder-TB 480, 261. (S. 171 f.)

H. Hesse, Die Gedichte. © Suhrkamp Verlag Frankfurt am Main 1970, „Stufen". (S. 170)

Marc Aurel, in: Das Insel-Buch vom Alter, hrsg. von Hans Bender, Insel Verlag Frankfurt 1976, 149. (S 171)

Meister Eckhart, Die Gottesgeburt im Seelengrund, hrsg. von Gerhard Wehr. Herderbücherei 1610, 120 f. (S. 172, 173)

Jakob Böhme, Die Morgenröte bricht an. Zeugnisse der Naturfrömmigkeit und der Christuserkenntnis, hrsg. von Gerhard Wehr. Herderbücherei 1077, 105. (S. 174)

Angelus Silesius, Der Cherubinische Wandersmann, hrsg. von Gerhard Wehr. Edition Argo im Dingfelder Verlag. Andechs 1991. (S. 175)

Bildnachweis

Bavaria Bildagentur (Umschlag), Pressefoto Lachmann (S. 33), Archiv für Kunst und Geschichte, Berlin (S. 111), Van der Kallen – Anthony, Starnberg (S. 151), Sieger Köder, Kath. Pfarramt Rosenberg bei Ellwangen (S. 167)